**Dr. Heinz Dirks**

# Die Handschrift -
## Schlüssel zur Persönlichkeit
### Deuten und Beurteilen

ORBIS VERLAG

© Mosaik Verlag GmbH, München
Sonderausgabe 1992 Orbis Verlag
für Publizistik GmbH, München
Gesamtherstellung Mohndruck Graphische Betriebe GmbH, Gütersloh
Alle Rechte vorbehalten · Printed in Germany
ISBN 3–572–00573–6

# Inhalt

**Einleitung**  7

**Die Entwicklung der Graphologie**  9

**Aufgabenstellungen der Graphologie**  13

**Psychologische Voraussetzungen der Schriftdeutung**  16

**Handschrift als Ausdruck individueller Persönlichkeitsmerkmale**  21
Bewertung des Schriftbildes  25

**Schriftmerkmale und ihre Bedeutung**  30
Deutung der Einzelmerkmale  34 / Schriftgröße  34 / Schriftweite  40
Längenteilung  43 / Längenunterschied  47 / Schriftlage  50
Wortabstand  55 / Zeilenabstand  57 / Zeilenführung  59 / Schrift-
ränder  65 / Anfangs- und Endbetonung  70 / Formreichtum  74
Formfestigkeit  78 / Bindungsform  80 / Verbundenheitsgrad  83
Strichführung  86 / Strichbildung  92 / Schreibeile  94
Schreibdruck  98

**Praxis der Schriftdeutung**  105
Beispiele für Deutungsansätze  108 / Schriften zweier Frauen in der
Gesamtdeutung  120 / Deutungsbeispiel der Schrift eines Mannes  133

## Besondere Fragestellungen an die Schriftdeutung   140

Frage nach der Intelligenz   140 / Unwahrhaftigkeit und
Ehrlichkeit im Ausdruck der Schrift   145 / Wie weit ist die Schrift
verstellbar?   148 / Ein Sonderproblem: Schriften von Kindern und
Jugendlichen   150 / Sieben Jungenschriften   151
Sieben Mädchenschriften   156

## Anwendungsmöglichkeiten der Graphologie   161

Erziehung und Berufswahl   161 / Personalauslese   161 / Gerichtsgutachten   162 / Klinische Psychologie   162 / Allgemeine Menschenkenntnis   162 / Selbsterkenntnis   163

## Was sagt die Wissenschaft dazu?   165

## Bekannte Persönlichkeiten im Spiegel ihrer Schriftzüge   174

## ABC der wichtigsten Begriffe   181

## Literaturauswahl   188

## Register   189

# Einleitung

Die Deutung der Handschrift des Menschen, die Graphologie, hat bereits seit Generationen das Interesse vieler Leser gefunden. Das ist verständlich. Denn jeder machte die Erfahrung, daß die Briefe, die er handschriftlich erhielt, einen sehr unterschiedlichen Eindruck machten, obwohl doch alle Menschen in einem bestimmten Kulturkreis das Schreiben auf die gleiche Weise und nach der gleichen Vorlage erlernten.

Was bedeutet das – so fragten sich viele –, daß trotzdem fast jeder Mensch das Schriftbild in eigener Weise abwandelt? Nun erhalten wir heute sehr viel mehr Briefe, die mit der Maschine geschrieben sind; wir sehen unter diesen nur noch die Unterschrift des Schreibers, die wiederum in ganz charakteristischer Weise von Mensch zu Mensch variiert. Und die Frage, was der Schreiber für ein Mensch sein mag, bezieht sich nun auf seinen Namenszug, dem man ganz allgemein eine solche charakteristische Eigenart zuspricht, daß er vom Gericht als verbindliches Zeichen für die Autorenschaft jedes Dokumentes anerkannt wird.

Und schließlich hat die Frage nach der Besonderheit des Menschen ein zunehmendes Interesse gefunden. Wir begnügen uns nicht mehr gern mit der Feststellung eines bestimmten Typus – Beamter, Kaufmann, Journalist, Politiker usw. Wir wissen aus Erfahrungen, daß diese Typenkennzeichnungen nicht viel hergeben. Zwar urteilen manche Menschen immer noch gern mit solchen Globalkennzeichnungen: »Er ist ein typischer Beamter« – »Das ist echt kaufmännisch gedacht« oder gar »Er verhält sich diplomatisch«. Aber jeder weiß aus Erfahrung, daß diese verallgemeinernden und typisierenden Aussagen nicht stimmen. Es gibt kein typisch beamtenmäßiges Verhalten. Auch erfolgreiche Kaufleute sind in ihrer persönlichen Art sehr verschieden. Und selbst das so viel zitierte diplomatische Verhalten soll nur eine geschickte Beziehung zur Umwelt bedeuten, hat aber mit dem Beruf des Diplomaten nicht allzuviel zu tun.

Deshalb ist das Bedürfnis, von dem einzelnen Menschen, dem wir begegnen, etwas mehr zu wissen, durchaus legitim. Und so ist es auch verständlich, daß wir jede Möglichkeit, etwas Genaueres über den anderen zu erfahren, aufgreifen. Zu diesen Möglichkeiten gehört auch die Schrift. Wenn man schon zugeben muß, daß es kaum zwei gleiche Schriften gibt und daß die Eigenart des einzelnen Menschen in der Schrift sichtbar wird, dann liegt der nächste Schritt nahe, diese Unterschiede der Schrift in Hinsicht auf den menschlichen Charakter zu deuten und zu interpretieren.

**Einmaligkeit jeder Handschrift**

Wir müssen jedoch von vornherein betonen, daß diese Deutung der Schrift nicht so einfach ist, wie sie vielleicht erscheinen mag. Es gibt keine Schriftmerkmale, an denen man eindeutig Charaktermerkmale *direkt* ablesen kann. Wer das anbietet – und das geschieht in manchen graphologischen Veröffentlichungen –, verführt den Leser bewußt oder unbewußt zu Fehldeutungen, die nicht ohne Enttäuschungen bleiben können (vgl. S. 165). Das ergibt sich aus den Grundlagen graphologischer Deutungspraxis; das zeigt sich aber auch bereits bei den vielfältigen Versuchen im Laufe der Geschichte der Graphologie.

# Die Entwicklung der Graphologie

Seit die Schrift Allgemeingut geworden ist, gibt es auch die ersten Schriftdeutungsversuche. Man interessierte sich für die Persönlichkeit des Menschen und glaubte, das Besondere des Charakters aus der Handschrift herauslesen zu können. – Soweit uns bekannt ist, war der Italiener Baldo, ein berühmter Arzt und Professor zu Bologna, einer der ersten, der sich ernsthaft mit dem Problem der Schriftdeutung auseinandersetzte. Baldo schrieb im Jahre 1622 ein kleines Buch über die Möglichkeiten, die Besonderheiten des Menschen aus der Schrift zu erkennen. Darin heißt es u. a.: »Es ist augenscheinlich, daß alle Menschen auf eine besondere Art schreiben und daß jeder in seinen eigenen Briefen eine solche charakteristische Form zum Ausdruck bringt, die von keinem anderen nachgeahmt werden kann. Ist die Schrift langsam und mit einem starken Druck der Feder gebildet, so ist das ein wahrscheinliches Anzeichen dafür, daß der Schreibende eine harte, wuchtige, träge Hand hat, und dann ist vernünftigerweise anzunehmen, daß er nicht sehr intelligent und auch nicht sehr schnell ist.« – Sicher wird man heute mit dieser Deutung nicht einverstanden sein. Aber der Ansatz zu graphologischen Überlegungen und Schlußfolgerungen ist hier deutlich gegeben. Baldo erkannte weiterhin bereits, »... daß man, um aus der Schrift einer Person richtig ihre Natur zu erraten, notwendig ihre wahre (nicht gekünstelte) Schrift zur Hand haben muß, speziell die vertraulichen Briefe, und daß man sich vergewissern muß, daß die Schrift unter normalen Verhältnissen zustande kam«. Das sind Bedingungen, die auch heute noch gelten.

**Erste Versuche der Deutung durch BALDO**

Auch Lavater (1741–1801), ein Freund Goethes, beschäftigte sich mit der Schrift: »Die Eigentümlichkeit eines Malers«, sagte er, »offenbart sich bereits in seinen Gemälden, man kann sie aber auch in seiner Schrift erkennen.«

**Die richtige Fragestellung durch LAVATER**

9

Der Weg zur Verwissenschaftlichung wurde zuerst in Frankreich beschritten. Ohne ihn in allen Einzelheiten beschreiben zu wollen, muß aber auf Jean-Hippolyte Michon verwiesen werden. Sein System der Graphologie von 1893 ist so bedeutend für die weitere Entwicklung gewesen, daß sein Buch bis heute in Frankreich viele Auflagen erlebt hat und 1965 von Prof. Pophal in Deutschland neu herausgegeben wurde.

Wenn wir im folgenden auf 18 unterschiedliche, voneinander deutlich abhebbare Schriftmerkmale die Deutungspraxis aufbauen (vgl. S. 34–104), so sind bereits 9 von diesen Grundmerkmalen von Michon erfaßt worden. Dazu bringt er 11 Einzelzeichen, die über lange Zeit eine große Rolle gespielt haben: Harpunen $\nearrow$, Keulen $\mathbf{/}$, Verzierungen $\mathit{le}$, Einrollungen $\mathcal{E}$ usw. sind frühzeitig als besonders auffällige, weil zum erlernten Schriftbild nicht gehörige Merkmale beobachtet worden. Sie haben immer Anlaß zu besonderer Deutung gegeben, und sie erscheinen gelegentlich auch in neuen graphologischen Büchern. Und trotzdem ist ihre Deutung allein unzulässig; sie erhalten ihren Wert erst im gesamten Schreibverlauf, der in der Gesamtwertung die Grundlage für alle Einzelaussagen vorgibt.

Wir können uns deshalb auch die Schilderung der einzelnen Versuche, zu einer soliden Deutungsmethode zu kommen, ersparen. Ein neuer und wirklich tragfähiger Ansatz ergab sich erst, als Klages zwei Generalmerkmale der Schrift als Grundlage für alle Einzeldeutungen erkannte.

Ludwig Klages (* 1872, † 1956) war zugleich Psychologe und Philosoph. Als er die Ausdruckskunde (Lehre vom Wahrnehmen und Verstehen des Seelischen im Ausdruck = Physiognomik, Mimik, Gebärde, Schrift, Sprache, Gang, Haltung usw.) wissenschaftlich fundierte, bewegten ihn Fragen und Probleme, die weit über die speziellen Fragen der Graphologie hinausreichten. Das Wesen des Rhythmus als eines Merkmals organischer Lebendigkeit hatte ihn vor allem auch aus philosophischer Sicht beschäftigt, und das Eingreifen des Verstandes und des Willens betrachtete er als eine Überformung, ja zum Teil als eine Störung des Rhythmus. In diesem Wechselspiel zwischen Rhythmus (Seele, Leben) und Takt (Geist, Verstand) fand er die wesentlichen Grundlagen des Ausdrucks.

**Formniveau als über-
geordnetes Deutungs-
prinzip bei KLAGES**

Der zweite Aspekt von Klages ist nicht weniger bedeutsam: Das »Formniveau« entscheidet über den Wertakzent eines bestimmten Persönlichkeitsmerkmals. Das wird sofort einsichtig, wenn man daran denkt, daß ein ruhiges Verhalten sowohl durch die Beherrschung eines lebhaften Temperaments wie auf Grund einer Temperamentlosigkeit zustande kommen kann. Ebenso kann eine undynamische Schrift sowohl aus einer starken Selbstbeherrschung wie aus einer Antriebsschwäche entstehen. Ob man aber von dem Merkmal »geringe Dynamik des Schreibablaufs« auf Temperamentbeherrschung oder auf Antriebsschwäche schließen soll, das entscheidet sich von der Einschätzung des Formniveaus der Schrift.

Hierbei wird aber auch bereits die Erkenntnis von Klages angesprochen, daß Graphologie nicht ohne Charakterologie betrieben werden kann. Die graphologischen Symptome können nicht sinngemäß erfaßt werden, wenn man bei ihrer Ausdeutung charakterologische Grundlagen unberücksichtigt läßt oder nur vage, bruchstückhafte Vorstellungen zu Rate ziehen kann. Das erklärt weitgehend die Unsicherheit der ersten Forschungen. Solange man nicht das Gefüge der Charaktereigenschaften in seinem Aufbau erkannte, so lange konnten auch die graphischen Symptome nicht in richtiger Ordnung innerhalb des Ganzen gesehen werden. Man mußte sich an die Einzelheiten klammern. Die ungewöhnliche Bedeutung von Klages besteht gerade darin, daß er nach festem Grund im charakterologischen Bereich suchte, ehe er die Graphologie in ihrer Gesamtheit als Wissenschaft zu fundieren begann. Von dieser Grundlage aus konnte nun die weitere wissenschaftliche Behandlung graphologischer Probleme erfolgen.

Auch wenn in der modernen Psychologie die Persönlichkeitsstruktur etwas anders gesehen wird als in der älteren Charakterologie, so bleibt diese Einsicht, daß man Einzelsymptome nur eingeordnet in das Ganze sehen und deuten sollte, verbindlich. Die Schwierigkeit in dem Ansatz von Klages liegt allerdings darin, daß Rhythmus und Formniveau nur intuitiv bewertet werden können und nicht »meßbar« sind. Das gilt zwar auch für eine Reihe anderer graphischer Merkmale und vor allem für viele Merkmale der Persönlichkeit, aber an dieser Stelle ist die Schwierigkeit des Erfassens besonders bedeutsam, weil davon alle übrigen Deutungen betroffen werden.

Deshalb wurden von anderen Graphologen andere Einstiegsmöglichkeiten, die leichter erfaßbar sind, gesucht.

**Der Zusammenhang von Graphologie und Charakterologie**

So geht z. B. Max Pulver vorwiegend von dem Symbolgehalt der Schriftformen aus. Nun ist kaum zu bestreiten, daß die Orientierung im zweidimensionalen Raum eine gewisse Symbolbedeutung hat. Oben und unten, rechts und links geben Orientierungsrichtungen an, deren Bevorzugung schon etwas mit der Lebensorientierung des Menschen zu tun hat. Das Merkmal als solches ist auch relativ sicher erfaßbar. Nur bedeutet dieser Ansatz allein eine Verabsolutierung eines Aspektes, den wir heute im Raumbild durchaus berücksichtigen, der aber nur eine Seite der vielschichtigen Entfaltung der Persönlichkeit darstellt.

**Bewegungs-
physiologische Grund-
lagen als Ausgangs-
punkt bei POPHAL**

Das gleiche gilt für den anderen Ansatz von Rudolf Pophal, der von den bewegungsphysiologischen Grundlagen des Schreibens ausgeht und damit das erfaßt, was wir im Bewegungsbild berücksichtigen. Für ihn bedeutet aber das Problem der Spannung und Lösung im Bewegungsablauf die Grundlage jeder Deutung. Hier trifft er sich mit dem Schreibrhythmus von Klages, bleibt aber in einer einseitigen und etwas verengten Deutungsgrundlage beheimatet, so wertvolle Aspekte er auch im einzelnen neu angesprochen hat.

Schließlich haben die Autoren Müller und Enskat in ihrer »Graphologischen Diagnostik« einen Ausweg aus dieser Schwierigkeit dadurch versucht, daß sie nicht ein Grundmerkmal herausstellen, von dem die Einzeldeutungen determiniert (bestimmt) werden sollen, sondern eine Gruppe

**Ein Merkmalssyndrom
als Grundansatz für
die Deutung nach
MÜLLER/ENSKAT**

von Merkmalen:

Bewegung und Formung
Versteifungsgrad
Rhythmus
Eigenartsgrad
Einheitlichkeit und Uneinheitlichkeit

Man sieht auf den ersten Blick, daß hier die Ansatzpunkte von Klages, Pulver und Pophal verwertet wurden. Das Anliegen, die »übergreifenden Variablen« erfaßbar und sich gegenseitig ergänzend zu wählen, ist legitim. Damit wird die Deutung erschwert. Und ob diese Erschwerung durch eine erhöhte Sicherheit ausgeglichen wird, ist zweifelhaft. Deshalb werden wir später einen Mittelweg zwischen Klages und Müller/Enskat wählen, um beiden Aspekten, der Sicherheit und der Praktikabilität, entgegenzukommen.

# Aufgabenstellungen der Graphologie

Alle diese Bemühungen um eine Verwissenschaftlichung und Objektivierung der Graphologie haben starke Impulse durch das praktische Bedürfnis erhalten, eine Methode zur Beurteilung von Menschen zu finden, die leicht zu handhaben und doch genügend sicher ist. Wenn wir im Alltag einen Menschen kennenlernen, lassen wir uns auch von seinem Ausdruck (Gesichtsausdruck, Gestik, Stimme, Gang und Haltung) beeindrucken. Alle diese Erlebnisse des Ausdrucks sind aber flüchtig und können nur im Moment des Entstehens erfaßt und gedeutet werden. Damit ist auch eine Kontrolle nahezu ausgeschlossen.

**Ausdruck als Erkenntnisquelle**

Auf der anderen Seite erfordern die systematischen diagnostischen Methoden, die psychologischen Tests einen sehr erheblichen Aufwand in der Durchführung. Hinzu kommt, daß die Menschen sich diesen bewußt angesetzten Methoden zur Erkenntnis ihrer Persönlichkeit nicht sehr gern stellen. Die Schriftdeutung hat den großen Vorteil, daß sie gegenüber den anderen Formen des Ausdrucks von einer fixierten Spur des Schreibens ausgehen kann und damit eine gründliche, wiederholte Auswertung zuläßt. Ihr Grundmaterial, die Schrift, wird jedoch nicht zum Zwecke der Deutung hergestellt, sondern entsteht im Zuge der natürlichen Kommunikation der Menschen.

**Die Bedingungen psychologischer Tests**

Von da aus ist es auch möglich, die Zuverlässigkeit des Deutungsmaterials und der Deutungsergebnisse zu überprüfen und damit die Methode so weit zu objektivieren, daß sie mindestens als zusätzliche Erkenntnisquelle für verantwortliche Entscheidungen herangezogen werden kann. (Näheres dazu werden wir in dem Kapitel »Was sagt die Wissenschaft dazu?« sagen.)

**Die methodische Besonderheit der Graphologie**

Darin ist sicherlich ein Grund für die weitere Entwicklung und Anwendung der Graphologie zu sehen, sei es in der Berufsauslese, in der Berufsberatung, in der Erziehung, in

Handschrift und
Tiefenpsychologie
ANIA TEILLARD

Deutung von
Kinderhandschriften
MINNA BECKER

Handschrift und
Verbrechen
RODA WIESER

der tiefenpsychologischen Diagnostik, d. h. überall dort, wo es um eine fundierte Erkenntnis der menschlichen Besonderheiten, der Motivation, der Begabungen usw. geht. Wir werden im einzelnen später auf diese Fragen eingehen. Daraus haben sich aber auch spezielle graphologische Untersuchungen und Systeme ergeben: Ania Teillard hat die »Handschriftendeutung auf tiefenpsychologischer Grundlage« untersucht und beschrieben. Minna Becker befaßte sich mit der Kinderhandschrift, Roda Wieser mit der Handschrift des Verbrechers. Gerade dieser letzte Ansatz zeigt aber auch die Problematik solcher speziellen Untersuchungen. Roda Wieser, der übrigens nicht nur diese Frage behandelt, sondern auch eine allgemeine Graphologie geschrieben hat, ging dabei von der Ansicht aus, daß es einen Typus des Verbrechers gibt. Das ist heute weitgehend bestritten, insofern man verbrecherisches Verhalten als Ergebnis eines besonders ungünstigen Ensembles der gesellschaftlichen Verhältnisse ansieht. Nun ist die Verabsolutierung dieses Aspektes sicher ebenso unberechtigt wie die Rückführung des Verbrechens auf Anlagen allein. Aber gerade bei diesem Beispiel ergibt sich eine grundsätzliche Frage: Kann man von beständigen Merkmalen der Persönlichkeit ausgehen, oder gibt es diese nicht? Beobachten wir vielmehr nur flüchtige und mit jeder Situation sich ändernde Verhaltensmerkmale? Wenn das letztere der Fall wäre, wäre jedes graphologische Deutungsbemühen sinnlos. Wir dürfen aber davon ausgehen, daß die Menschen sich in Persönlichkeitsmerkmalen unterscheiden, die sowohl von der ererbten Anlage wie von der prägenden Umwelt geformt sind, die aber einen Grad der Beständigkeit aufweisen, der es zuläßt, von der einmaligen, von anderen abhebbaren Persönlichkeit zu sprechen. Und wir dürfen weiter davon ausgehen, daß diese Persönlichkeit sich in der Schrift ausdrückt und daß prinzipiell der von Klages aufgestellte Grundsatz gilt, daß sich jedes seelische Erleben in der Handschrift und anderen Ausdrucksfeldern widerspiegelt. Das ist mindestens im Grundsatz heute auch von der Wissenschaft bestätigt, worauf wir später noch einmal zurückkommen werden.

Handschrift und Vitalität
GROSS

In diesem Zusammenhang sind noch die Untersuchungen unter spezieller Fragestellung zu sehen: Der Einfluß der Vitalität auf die Handschrift, wobei es sich sicher um einen Anlagefaktor handelt, wurde von Groß untersucht. Der

Ausdruck der Angst in der Handschrift war das Thema einer Untersuchung von Müller/Enskat. Und neuerdings legte Paul-Mengelberg eine ganz moderne Untersuchung über die Veränderung von Handschrift und Persönlichkeit unter Extrembedingungen, wie etwa einer langen Kriegsgefangenschaft, Aufenthalt in Konzentrationslagern, vor und verglich diese mit den Schriften von Zwangsneurotikern und sozial unauffälligen und angepaßten Personen.

Hier dürfte die Veränderung der Persönlichkeiten und mit ihnen der Handschriften vorwiegend durch Umwelteinflüsse erfolgt sein. Wichtig ist aber zu erkennen, daß die Graphologie die Veränderungen zu deuten vermag und damit als empfindlich ansprechender Indikator der Persönlichkeitsentwicklung folgt.

Wir werden auf diese Probleme später zurückkommen. Die Breite der Fragestellung und die Fülle umfassender Untersuchungen dazu weist aber auf die Bedeutung der Graphologie als diagnostisches Mittel hin und macht das allgemeine Interesse an dieser Disziplin verständlich.

**Angst in der Handschrift MÜLLER/ENSKAT**

**Seelische Störfaktoren in der Handschrift PAUL-MENGELBERG**

# Psychologische Voraussetzungen der Schriftdeutung

**Was wir vom Menschen wissen möchten** Wir können zwei verschiedene Fragen an den Beginn unserer graphologischen Arbeit stellen:
1. Was möchte ich über den Menschen wissen, dessen Schrift vor mir liegt?
2. Was kann diese Schrift aussagen?

Die erste Frage löst sich bei genauer Überlegung in eine Reihe von Einzelfragen auf. Wir möchten erfahren, ob der Mensch, dessen Schrift vor uns liegt, intelligent ist. Wir alle neigen ja dazu, unsere Zeitgenossen weitgehend nach ihrem Intelligenzgrad zu beurteilen. Ist Herr Müller gescheit oder ist er weniger gescheit? Derartige Fragen und Urteile werden häufig gefällt. Aber geben sie uns ausreichend Auskunft über eine Persönlichkeit? Und schon stellen sich weitere Fragen. Zum Beispiel: Wird Herr Müller sich bei der Arbeit energisch einsetzen, oder wird man ihn immer schieben müssen? Können wir erwarten, daß er seinem Beruf gerecht wird oder etwas Besonderes leistet?

Es könnte uns aber auch noch mehr interessieren. Wie wird Herr Müller sich gegenüber seiner menschlichen Umwelt verhalten? Wird er den Kontakt zu anderen Menschen finden, oder wird er sich auf sich selbst zurückziehen und Kontaktschwierigkeiten haben? Hier geht es z. B. um eine Dimension menschlicher Entfaltung, die z. T. von der Gesamtstruktur der Persönlichkeit bestimmt ist – es gibt anlagemäßig extra- und introvertierte Menschen –, z. T. aber auch durch die Erfahrungen im sozialen Bereich geformt wird.

**Verschiedene Dimensionen seelischen Geschehens** Schließlich könnte man die Frage stellen: Ist Herr Müller zuverlässig? Das kann verschieden gemeint sein. Einmal mag es nur um die Beständigkeit und Ausdauer des Verhaltens gehen. Dann ist vorwiegend die Struktur des Willenseinsatzes gemeint. Mit diesem Problem hängen aber auch Zuverlässigkeit und Vertrauenswürdigkeit im ethi-

16

schen Sinn zusammen. Nun kann man diese Frage nicht mehr allein aus der Kenntnis der Persönlichkeitsstruktur heraus beantworten. Ob Herr Müller ein anständiger Mensch ist oder nicht, ob man sich auf ihn, sein Wort und seine Zusagen verlassen kann, das entscheidet sich nicht zuletzt daher, wieweit Herr Müller sich den geltenden gesellschaftlichen Normen verpflichtet fühlt. Über diese Bindung an ein Wertsystem oder einen Moralkodex kann aber die Graphologie nichts aussagen.

Wenn man einen Einblick in die Entfaltungsmöglichkeiten der Persönlichkeit gewinnen will, geht man am besten von dem Grundmaterial des Seelischen, den psychischen Funktionen, aus.

**Psychische Funktionen**

Diese Funktionen bringt der Mensch, mehr oder weniger günstig angelegt, als Begabung auf die Welt mit. Sie können entwickelt und geübt werden. Daraus ergibt sich erst die Fähigkeit, das Leben zu bewältigen.

Die Funktionen sind sehr verschiedener Art. Da wären zunächst die Sinnesfunktionen, das Sehen, das Hören, das Riechen, das Schmecken usw. Sie bilden die Grundlage unserer Wahrnehmung. Dieser Funktionskomplex kann für den Menschen von entscheidender Bedeutung sein. Ist die Wahrnehmung genau oder ungenau? Gleitet der Mensch oberflächlich über das Wahrgenommene hinweg, oder vertieft er sich gründlich in die Beobachtung? Läßt er sich leicht täuschen? Erschwert die allzu genaue Wahrnehmung der Details ihm die Übersicht? Oder läßt er sich von bestimmten Wahrnehmungen allzu sehr beeindrucken?

**Wahrnehmung**

Diese Unterschiede in der Wahrnehmung ergeben die Grundlage für die Beobachtung. Von daher entscheidet sich, in welcher Art und Weise wir die Umgebung aufnehmen und welche Einflüsse von der Umgebung her auf uns einwirken. Mit der Wahrnehmung hängt auch die Aufmerksamkeit zusammen. Widmet sich die Aufmerksamkeit einem breiten Raum, oder ist sie ganz auf ein spezielles Ziel konzentriert? Bereits bei der Beantwortung dieser Frage zeigen sich individuelle Abweichungen, die deutlich auf ein bestimmtes Verhältnis zur Umwelt hinweisen.

**Aufmerksamkeit**

Den wichtigsten Bereich umfassen allerdings die intellektuellen Funktionen: Abstrahieren, Kombinieren, Schlußfolgern, Urteilen. Sie bestimmen das Denken des Menschen – und das läßt sich bereits aus der Handschrift ersehen. Wir können vor allem entnehmen, auf welcher

**Intellektuelle Funktionen**

geistigen Rangstufe sich die Funktionen verwirklichen. Das heißt, die Schrift sagt in erster Linie aus, wie stark die Funktionen durch Übung und Erfahrung entwickelt wurden. Die Begabungen selbst lassen sich hingegen nur bis zu einem gewissen Grade erkennen.

**Ursache und Folge seelischen Geschehens**

Sehr schwer ist es, zwischen Ursache und Folgeerscheinung eines seelischen Vorgangs zu unterscheiden. Die gleiche Ursache kann durchaus zu zwei verschiedenen Verhaltensformen führen. Aber gerade die Frage nach Ursache und Folge ist für die Deutung außerordentlich wichtig. Da sie sich mit Hilfe des Einzelmerkmals der Schrift nicht beantworten läßt, kann nur das kombinatorische Verfahren graphologischen Deutens weiterhelfen. Das heißt, ein einzelnes Merkmal muß durch andere gestützt und ergänzt werden.

## Lebensziel und Leitbild

Will man den Menschen verstehen, so genügt es keinesfalls, nur nach den Ursachen seelischen Geschehens zu fragen. Man muß auch andere Faktoren berücksichtigen, zum Beispiel das Leitbild, auf das sich der Mensch ausrichtet, sein Lebensziel, das er zu verwirklichen sucht: Der Mensch lebt nicht für sich allein. Er ist in eine vielschichtige Welt gestellt und muß sich in dieser Welt zurechtfinden, behaupten und durchsetzen. Er wird daher von dem Umweltgeschehen beeinflußt. Er erkennt Ziele, die ihm erstrebenswert erscheinen. Er beobachtet die vielfältigen Formen der Lebensverwirklichung und übernimmt von ihnen, was ihm wesentlich dünkt. So entwickelt der Mensch sich ein Leitbild, das sein Denken, Verhalten und Handeln entscheidend mitbestimmt. Auch die Einflüsse der Umwelt werden als Anregungen oder Hemmungen wirksam. Sie haben ebenso Anteil an der Herausbildung einer Lebensleitlinie, auf die sich der Mensch mehr oder weniger festlegt. Solch eine Leitlinie kann die Anpassung an die gegebenen Umweltverhältnisse erleichtern, wenn sie das Verhalten und Handeln des Menschen auf ein weltzugewandtes Ziel ausrichtet und zum Kontakt mit der Umwelt führt. Die Leitlinie kann aber auch die Selbstbesinnung und Vertiefung erstreben. In diesem Fall besteht nur ein geringer Anreiz zur Aktivierung der Kräfte nach außen. Diese Verhaltenssituation ist oft typisch für Dichter, Künstler und Forscher.

**Frage nach der Motivation**

In diesem Zusammenhang muß aber noch kurz auf die Frage der Motivation des menschlichen Handelns eingegangen werden. Diese Frage spielt in der modernen Psychologie eine große Rolle, wenn sie auch früher – unter anderem Namen – nicht unberücksichtigt blieb. Sie zielt aber in der Tat auf einen besonders wichtigen Hintergrund menschlichen Geschehens: Wir werden uns über einen Menschen im letzten erst klarwerden, wenn wir seine Motive zum Verhalten und Handeln kennen. Und da kommen wir an die Grenze der Graphologie. Die Symptome der Handschrift geben unmittelbar die Art und Weise, den Stil, den Nachdruck des Verhaltens und Handelns wieder, sie zeigen, wie dieses Handeln in das Zusammenleben mit anderen Menschen eingebettet ist. Wir erfahren direkt aber nur sehr wenig über die Motive zum Handeln, wir können oft nur vorsichtige Rückschlüsse aus der Kombination der Einzelerkenntnisse ziehen.

**Kombinierende Auswertung der Erkenntnisse**

Mit anderen Worten: Bei der Deutung der Handschrift haben wir zu fragen, was von den Hintergründen her gesehen jede dieser Eigenschaften aussagen kann; das heißt, wir müssen untersuchen, was im seelischen Bereich zur Entfaltung kommt, was gehemmt wird, was sich durchsetzt und was Leistungen zustande bringt.

Bevor wir uns ein Bild des Herrn Müller machen, müssen wir uns unbedingt erst einmal darüber klarwerden, daß jede zu schnelle Schlußfolgerung aus einem psychologischen oder graphologischen Einzelmerkmal zu Fehldeutungen führt. Denn jedes Symptom ist vieldeutig, und die meisten Merkmale, die wir beobachten können, beziehen sich nur auf Verhaltenseigenschaften. Hinzu kommt, daß jedes menschliche Verhalten eine Ursache und einen Sinn hat. Wie aber gelangt man von einem Symptom zu den Ursachen, wie stellt man fest, welche der verschiedenen Ursachen zutrifft? In der Psychologie wie auch in der Graphologie nur durch eine genaue Gesamtanalyse des Beobachteten! Das heißt, auf die Schrift übertragen: Erst wenn wir mehrere beobachtete Merkmale miteinander verglichen und in Beziehung gesetzt haben, können wir entscheiden, welche Ursachen in Frage kommen. Wir haben zum Beispiel einen Kollegen bei der Berufsarbeit kennengelernt und drei Symptome seines Verhaltens beobachtet:

Ungenaues Arbeiten, schnelles Arbeitstempo und Schwierigkeiten im Umgang mit den Mitmenschen.

Diese Symptome liegen ganz ohne Zweifel in verschiedenen Bereichen. Wenn wir nun fragen, welche Ursachen für das

**Mehrdeutigkeit graphologischer Einzelmerkmale**

**Gesamtanalyse**

**Mögliche Ursachen der Symptome**

eine oder andere Symptom zutreffen, dann ergeben sich für jedes Merkmal folgende Möglichkeiten:

*Ungenaues Arbeiten:*
Starke Antriebe mit innerer Unruhe
oder geringe Antriebe (gibt sich mit halber Lösung zufrieden)
oder geringe Geschicklichkeit.

*Schnelles Arbeitstempo:*
Sichere Beherrschung der Aufgaben
oder starke innere Antriebe
oder innere Unruhe (mangelnde Geduld).

*Schwierigkeiten mit den Mitmenschen:*
Allgemeine Unverträglichkeit (Egozentrizität)
oder innere Unruhe und Spannungen
der Unsicherheit und Abwehr.

Diese Darstellung zeigt, daß nur eine Ursache bei allen drei Symptomen gleich ist, nämlich die innere Unruhe. Wir können sie als wirkende Ursache bezeichnen, während die anderen Ursachen für die beobachteten Symptome weniger bestimmend sind.

In Wirklichkeit wird man natürlich bei weitem nicht so starr und schematisch vorgehen. Auf jeden Fall aber muß stets überlegt werden, ob nicht eine Ursache, die man aus einem Symptom ableitet, einem anderen Symptom, das man ebenfalls beobachtet hat, widerspricht.

**Aneinanderreihen von Eigenschaften genügt nicht**

Das einfache Abzählen, Festhalten und Aneinanderreihen von Einzelmerkmalen ist einseitig und gefährlich, vor allem aber führt es nicht zu der erwünschten Kenntnis. Zwei Faktoren sind nun einmal für jede psychologische und graphologische Deutung, für das Verstehen des Menschen Voraussetzung: das genaue Beobachten des menschlichen Verhaltens oder der Ausdruckssymptome, wie wir sie etwa in der Schrift erleben, und das systematische Durchdenken der Erscheinungen im Hinblick auf die entscheidenden Ursachen und seelischen Hintergründe. Wer nicht nachdenkt, sondern aus den Symptomen sehr schnell zu einer Schlußfolgerung gelangt, bleibt im Äußeren und in Vorurteilen stecken.

**Kombinieren, Bewerten, Durchdenken allein führt zum Ziel**

Dabei ist schließlich auch zu berücksichtigen, daß es kompensatorische Möglichkeiten gibt, das heißt, daß eine Schwäche im einen Bereich durch eine Stärke im anderen ausgeglichen werden kann.

# Handschrift als Ausdruck individueller Persönlichkeitsmerkmale

**Mitteilungscharakter der Schrift**

Wollen wir die Schrift deuten, so müssen wir zuerst einmal fragen, wie sich denn überhaupt das individuelle Wesen des Menschen in der Schrift auszudrücken vermag. Die Schrift hat in erster Linie Mitteilungscharakter, das heißt, wir schreiben, um einem Menschen etwas mitzuteilen. Gelegentlich schreiben wir natürlich auch für uns selbst. Das ist kein grundsätzlicher Unterschied, denn letzten Endes halten wir ja auch hier eine Mitteilung fest, nur diesmal für uns selbst. Diese Fertigkeit, Gedanken und Sprache für andere und für sich selbst aufs Papier zu bannen, also das Schreiben, lernt der Mensch anhand einer vorgegebenen, schulmäßigen Schriftvorlage. Je nach den Kulturkreisen und Völkern sind diese Schriftvorlagen verschieden. Sie wandelten sich auch in unserem Lebensraum im Laufe der Zeit, so daß in einzelnen Epochen unterschiedliche Schriftformen üblich waren. Die moderne abendländische Welt hat ein eigenes, besonderes Buchstabensystem. Wir verbinden die Elemente der Buchstaben in vorgeschriebener Weise zu Worten und Sätzen. Dabei verläuft der normale Schreibvorgang von links nach rechts. Im Normalfall wird er mit der rechten Hand durchgeführt. Im Bewegungsablauf ergibt sich daraus ein Zug von links nach rechts. Der Linksschreiber muß einen anderen Bewegungsablauf zugrunde legen. Er schiebt gewissermaßen die Bewegung von links nach rechts vor. Das führt wiederum zu anderen Schreibformen und zu einem anderen Schriftrhythmus.

Die erste Frage bei einer Schriftdeutung lautet also: Welche Schrift hat der betreffende Mensch erlernt? In unserem Bereich kommen je nach dem Alter des Schreibers drei verschiedene Schriftformen in Betracht. Die älteren Jahrgänge sind an der deutschen Schulschrift orientiert (siehe Abb. S. 22 oben). In einer Übergangsphase wurde dann die deutsche oder lateinische Sütterlinschrift (siehe Abb. 22 unten)

**Verschiedene Schriftformen**

gelehrt. Ihr folgte schließlich die für alle jüngeren Jahrgänge selbstverständliche Normalschrift (siehe Abb. S. 23). Ein Schreiber würde den Zweck der Mitteilung präzise erfüllen können, wenn er sich eng an diese Schriftvorlage hielte, das heißt, wenn er sie ganz genau nachschriebe. Es gibt in der Tat Menschen, die im Zeichenstil schreiben, also jeden Buchstaben zeichnerisch nachvollziehen. Wir finden sie besonders unter Technikern, die gewohnt sind, Zeichnungen mit Druckbuchstaben zu beschriften. Sie erlangen im Gestalten dieser »technischen« Schriften eine große Fertigkeit, die sich letztlich auch auf ihre Handschrift überträgt. Sie schreiben dann den sogenannten »skript«, eine individualisierte Druckschrift. Im großen und ganzen zeigt sich eine Lösung von der Schreibvorlage, sobald der Mensch eine gewisse Übung im Schreiben erlangt hat und den Schreibvorgang so weit beherrscht, daß er nicht jede einzelne Form mit Überlegung nachzuvollziehen braucht. Die Abwandlung der Schulform zur individuellen Form kann verschieden vor sich gehen. Sobald sich der Mensch vom Vorbild löst, wird aber immer die zur Entfaltung drängende, besondere Eigenart des Schreibers das Schriftbild beeinflussen. Die Schrift erhält neben dem Mitteilungscharakter nun auch einen Aus-

**Ausdruckscharakter der Schrift**

druckscharakter. Wir teilen jetzt nicht allein etwas mit, wir tun es vielmehr gleichzeitig in einer persönlichen, besonderen Art. Das ist übrigens in anderen Bereichen menschlicher Entfaltung genauso. Auch die Sprache dient ja zu-

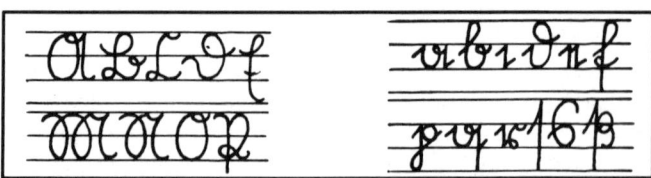

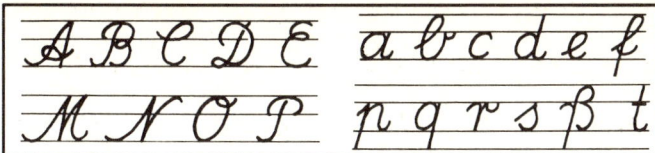

nächst der Mitteilung, aber dieselbe Mitteilung wird von
jedem Menschen in anderer Form ausgesprochen. Auch hier
setzt sich Individuelles im Ausdruck, das heißt in der Art
und Weise der Mitteilung, durch. Wir können bei unseren
weiteren Überlegungen davon ausgehen, daß die Schrift um
so mehr individuelle Züge aufweist, je selbständiger die
Persönlichkeit des Schreibers ist. Wer wenig Eigenes zur
Entfaltung bringt, wer nur wenig Innenleben hat, wer sich
ganz an die Formen anlehnt, die der jeweiligen Gesellschaftsordnung entsprechend gültig und üblich sind, der
wird sich auch in seiner Schrift weitgehend an die »Schulvorlage« anlehnen. Wer dagegen innerlich erfüllt ist von
Kräften, besonderen Persönlichkeitsmerkmalen und Begabungen, der wird diese auch in seinem äußeren Tun, in seiner Schriftbewegung sichtbar werden lassen.

Es gibt allerdings, abgesehen von der bestimmenden Schulschrift, noch gewisse modische Gewohnheiten, die das
Schriftbild des einzelnen beeinflussen können. Im Barock-
zeitalter zum Beispiel gehörte es zum guten Ton, die
Schrift mit recht vielen Schnörkeln zu schmücken. Auch in
anderen Lebensbereichen sind ja diese Einflüsse sehr stark.
So unterwerfen wir uns bei Auswahl unserer Kleidung
ebenfalls der herrschenden Mode, selbst wenn wir individuelle Züge pflegen. Die Schreibgewohnheiten entstehen
auf ähnliche Weise innerhalb eines gewissen Lebenskreises.
Diese Gewohnheiten und Gepflogenheiten müssen vom
Handschriftendeuter zur Kenntnis genommen werden. Das
ist besonders bei der Beurteilung bzw. Analyse ausländi-
scher Schriften wichtig. So müssen wir wissen, daß etwa im
amerikanischen oder im englischen Lebensbereich einige andere Akzente der Schriftgestaltung auftauchen. Sie weisen
nicht von vornherein auf individuelle Eigentümlichkeiten
hin, sondern gehören der Schreibgewohnheit der dortigen
Bevölkerung an.

Wer sich mit der Schriftdeutung befassen will, der tut also
gut daran, recht viele Schriften verschiedener Zeiten, verschiedener Völker und verschiedener Menschengruppen zu

**Schreibgewohnheiten**

sammeln, auf sich wirken zu lassen und sie zu studieren. Nur so erlangt er genügend Übung, um die routinemäßigen Gewohnheiten schnell erkennen zu können. Zugleich sieht er dann auch, daß trotz gewisser Gruppenmerkmale stets sehr viele individuelle Züge sichtbar bleiben. Diese individuellen Merkmale zeigen sich selbst noch in der Schrift von Menschen, die sehr wenig schreiben. Voraussetzung ist nur, daß sie zu voller Schreibreife, das heißt zur vollkommen eingespielten Schreibbewegung, gelangt sind. Die Vermutung zum Beispiel, daß Geschäftsleute, die nur noch diktieren und sehr wenig selbst schreiben, in ihrem Schriftbild keine charakteristischen Züge mehr aufweisen, trifft nicht

**1**
1–4 Schriftproben
von Ingenieuren.
Die Individualität
setzt sich durch

**2**

**3**

**4**

zu. Das heißt also, die Schrift eines jeden Menschen mit Schreibreife ist deutbar, wenn auch unter verschiedenen Bedingungen und nur bei Berücksichtigung der unterschiedlichen Voraussetzungen.

Wie sehr sich individuelle Züge durchsetzen, das können wir an den hier wiedergegebenen Schriften (Schriftproben 1–4) beobachten. Sie stammen von Ingenieuren, die dieselbe Ausbildung erhielten und in demselben Beruf tätig sind. Der Berufsbereich prägt selbstverständlich die Persönlichkeit mit. In diesem Falle erzieht er sogar zu einer ausgesprochen sachlichen, nüchternen und wirklichkeitsnahen Einstellung zum Leben. Und trotz dieser Sachorientierung, trotz der ständigen Beschäftigung mit dem Zweckmäßigen und Errechenbaren bleiben die persönlichen Unterschiede voll erhalten.

## Bewertung des Schriftbildes

Der Laie läßt sich leicht verleiten, die Schrift auf Grund von Einzelmerkmalen zu deuten, aber dieses Bemühen kann nicht zum Ziel führen. Seit der Grundlegung der wissenschaftlichen Graphologie durch Ludwig Klages (siehe Seite 10) wissen wir, daß jedes einzelne Zeichen mehrdeutig ist. Seine Bedeutung und sein Sinn können nur aus dem Gesamtschriftbild abgeleitet werden. Das hat, wie wir schon in den vorausgehenden Kapiteln (siehe Seite 16) gesehen haben, seinen tiefen psychologischen Grund. Jede menschliche Äußerung kann auf zwei verschiedenen Wegen entstehen: Sie wird vielleicht von einem starken Antrieb oder einem Mangel an Hemmungen ausgelöst; ihr können aber ebensogut starke Hemmungen und ein Antriebsmangel zugrunde liegen. Anders ausgedrückt: Ein Mensch kann zum Beispiel ruhig und beständig sein, weil er eine starke Selbstbeherrschung (= starke Hemmung) besitzt, die seine Gefühlsregungen kontrolliert. Genausogut ist es aber möglich, daß er aus einem Mangel an Ansprechbarkeit und innerer Bewegtheit (= Mangel an Antrieb) ruhig und beständig ist. Ob das eine oder andere zutrifft, offenbart sich erst auf Grund anderer Merkmale. Der Unterschied, um den es hier geht, betrifft vor allem die Lebensfülle, den Lebensreichtum der Gesamtpersönlichkeit. In der Schrift ein Gesamtmerkmal dieser Lebensfülle zu finden, ein Merkmal, das mit einiger Sicherheit genügend über deren Grad aussagt, ist außerordentlich schwer.

**Antrieb und Hemmungen**

Klages ist auf der Suche nach einem Gesamtmerkmal zu dem Begriff des Formniveaus gelangt. Dieser wichtige Begriff umfaßt 1. den Ablaufrhythmus der Schrift, das heißt den Grad der Ungestörtheit im Bewegungsablauf, 2. die Eigenart der Schrift, das heißt den persönlichen Grad der Formgebung, und schließlich 3. das Ebenmaß der Schrift, das heißt den Verteilungsrhythmus, auch Grad der Ungestörtheit der Massenverteilung genannt (gemeint ist vor allem die Ungestörtheit des Rhythmus in der Gesamtform und im Bewegungsablauf). Wirkt die Schrift reich oder arm, voll oder leer, tief oder flach, warm oder kalt usw.? Diese Fragen beziehen sich auf die Stärke und die Störungsgrade des Rhythmus und sollen eine Beurteilung des Formniveaus ermöglichen. Bernhard Wittlich, ein Schüler von Klages, erforschte die Merkmale des Rhythmus noch weiter und hob besonders den Ablaufrhythmus, den Formrhythmus und den Verteilungsrhythmus hervor. Unter

Ablaufrhythmus versteht er in erster Linie die Ungestörtheit der rhythmischen Verbindung während der Hin- und Her- oder Links- und Rechtsbewegungen beim Schreiben. Dieser Bewegungsfluß bleibt in der Handschrift sichtbar und läßt sich bis zu einem gewissen Grade nachvollziehen, so daß der Ablaufrhythmus relativ sicher bestimmt werden kann. Mit dem Begriff Formrhythmus versucht Wittlich die Echtheit und Ursprünglichkeit der Buchstabenformen selbst zu erfassen. Er bezog zwar den Formrhyth-

mus vorwiegend auf die Natürlichkeit, Ursprünglichkeit und Gewachsenheit der einzelnen Formen, aber sicher darf man auch das Bemühen um eine bewußt schöne Formgebung und Gestaltung mit berücksichtigen, wenn nur der Charakter der Echtheit und rhythmischen Aus-

gewogenheit erhalten bleibt. Der Verteilungsrhythmus schließlich bezieht sich auf das optische Gleichgewicht der beschriebenen Seite. Er wird gestört durch ein Übermaß der Formen wie auch durch eine schlechte, unübersichtliche Gliederung der Worte und Zeilen.

Der Begriff des Formniveaus ist stark umstritten. Andere Forscher wählten andere Ansätze. Aber der Sinn, den Ludwig Klages diesem Begriff gegeben hat, bleibt unangefochten. So ist es kein Wunder, daß der Begriff des Formniveaus unter anderen Bezeichnungen auch bei anderen Graphologen auftaucht. Max Pulver will statt des Begriffs

Formniveau den Begriff Wesensgehalt einführen, denn

nach seiner Ansicht schließt das Wort Form zu viele ästhetische Gesichtspunkte ein. Tatsächlich müssen wir uns davor hüten, die Schrift vorwiegend unter Schönheitsaspekten zu sehen. Aber wenn Pulver sagt, daß der Wesensgehalt sich in der Lebensfülle, in der Originalität, in der Vielgestaltigkeit seelischer Erscheinungen ausdrückt, dann kommt er letztlich doch wieder auf das von Klages Gemeinte zurück.

Die Erfahrung lehrt, daß sich Graphologen auf die Bewertung des Formniveaus trotz seiner Nicht-Meßbarkeit doch einigen können; d. h., daß es möglich ist, es mit einiger Sicherheit zu bestimmen. Allerdings gehört viel Übung dazu, man muß immer wieder Vergleiche vornehmen. Im folgenden geben wir fünf Beispiele für die Differenzierung des Formniveaus wieder:

**Beispiele unterschiedlichen Formniveaus**

**5**
Hohes
Formniveau

**6**
Gutes
Formniveau

**7**
Mittleres
Formniveau

Diese Vorwegbewertung der Schrift als Ganzes ist notwendig, um die Klammer für die Bewertung der Einzelmerkmale zu erhalten. Die Persönlichkeit des Menschen läßt sich nun einmal nicht nach primitiven Regeln aus der Schrift errechnen. Das heißt natürlich keinesfalls, daß der Graphologe

**9**
**Schlechtes**
**Formniveau**

auf eine kombinatorische Gegenüberstellung der graphischen Merkmale verzichten darf. Im Gegenteil, erst das Gegeneinanderabwägen der Merkmale hilft ihm, die Mehrdeutigkeit der einzelnen Symptome zu erfassen. Allerdings gilt es auch hier, die Extreme nicht zu stark zu betonen, sondern vielmehr zwischen ihnen zu vermitteln und die mehr oder minder deutliche Ausprägung des Merkmals und seine Nuancen zu erkennen. Der Graphologe muß also die feststehenden Begriffe oft umschreiben und die feinen Unterschiede mehr in einer ganzheitlichen und umfassenden Beschreibung darzustellen trachten, denn im Hervorheben einzelner Eigenschaften werden sie nicht deutlich genug.

**Persönlichkeit ist mehr als die Summe von Einzeleigenschaften**

Mit anderen Worten: Eine Aufzählung von Einzeleigenschaften gibt nur ein sehr grobes, ungenaues Bild des Menschen. Sie muß deshalb durch Erhellung der Zusammenhänge, Varianten und Nuancen unterstützt werden, damit sich das Bild genügend rundet. Was mit dieser Art der Deutung im einzelnen gemeint ist, sei noch einmal an einem Beispiel erläutert: Ein betonter Rechtszug der Schrift, der etwa in der Rechtslage, in der Weite und in der Endbetonung (s. S. 70) stark ausgeprägt ist, weist in jedem Fall auf eine nach außen gerichtete Kraft, auf einen Ausgriff hin. Damit ist eine bestimmte Tendenz der Selbstentfaltung gekennzeichnet, aber diese Kennzeichnung ist im ganzen noch sehr allgemein. Es bedarf noch der näheren Erklärung, was mit diesem Ausgriff im einzelnen gemeint ist. Die Erklärung finden wir, indem wir zunächst einmal feststellen, auf welchem Formniveau die Schrift liegt. Bei einem guten Formniveau, also einer natürlichen Lebensfülle, wird ein solcher Ausgriff der echte Ausdruck einer Entfaltung sein, die aus einem inneren Kräfteüberschuß und einer überlegenen Sicherheit erfolgt. Im ungünstigen Fall, das heißt also bei geringer Lebensfülle, wird dieser Ausgriff ein krampfhaftes Durchsetzungsbemühen darstellen. Dabei können die Beziehungen zur Umwelt belastet werden.

Wir sehen also deutlich, daß der Graphologe, gleichgültig, ob er sich auf Klages oder Pulver beruft, sich in jedem Falle die Frage vorlegen muß, was an seelischer Substanz hinter den sichtbaren Ausdrucksformen steht. Erst von dieser ganzheitlichen Bewertung her kann er die Einzelsymptome als Auswirkung einer seelischen Grundrichtung deuten, sei es im Positiven oder Negativen. Die Schriftproben 5–9 sollen einen Eindruck davon geben, wie die Schrift nach ihrem Grundgehalt erfaßt wird. Mit anderen Worten: Diese nach der Höhe ihres Formniveaus (Klages) oder Wesensgehaltes (Pulver) abgestuften Proben sollen dem Leser die Möglichkeit geben, durch Anschauung den jeweiligen Schriftgehalt kennenzulernen. Denn letztlich kann das Formniveau oder der Wesensgehalt – wie immer man es auch nennen mag – nur durch die Anschauung und das Studium vieler Schriften erfaßt und bewertet werden. Nirgends ist lange Übung und große Erfahrung so notwendig wie in diesem grundlegenden Deutungsansatz. Auch die Intuition spielt bei der Deutung eine Rolle, aber auch für sie müssen zuerst einmal Vergleichsmaßstäbe erarbeitet werden. Bei der Feststellung des Formniveaus sollte auch der Bildungsgrad des Schreibers berücksichtigt werden. Denn je nach dem Bildungsgrad wird der Mensch routinierter schreiben. Läßt man diesen Faktor unbeachtet, so kann das Formniveau sehr leicht überbewertet werden.

**Ganzheitliche Deutung der Schrift**

# Schriftmerkmale und ihre Bedeutung

Wer einmal einen Blick in graphologische Fachbücher geworfen hat, wird sich, verwirrt von der Fülle verschiedener Deutungsgrundlagen und -möglichkeiten, gefragt haben: Welche Schriftmerkmale sind eigentlich wirklich wesentlich und wie können sie gedeutet werden?

**Drei Deutungsansätze** Aus der Fülle der Möglichkeiten haben sich drei Ansatzpunkte herauskristallisiert, die inzwischen auch durch die sehr kritischen Untersuchungen der Faktorenanalyse bestätigt worden sind (vgl. S. 168): das Bewegungsbild, das Raumbild und das Formbild.

1. Jeder seelische Vorgang wird bis zu einem gewissen Grad von einer entsprechenden körperlichen Bewegung begleitet. Seelische Abläufe und Bewegungsabläufe entsprechen
**Bewegungsbild** einander. Deshalb läßt sich aus dem Bewegungsbild der Schrift (= stark oder nur wenig bewegt) auf die Kräfte schließen, die zu dieser Bewegung führen. Wir werden also im Bewegungsbild vorwiegend die treibenden Kräfte der Persönlichkeit erkennen können. Es gibt Auskunft über die Anlagen, Möglichkeiten und Fähigkeiten des Menschen.

2. Jede Spontanbewegung (sie erfolgt aus eigenem Antrieb) eines Menschen wird unbewußt von seinem persönlichen Leitbild mitbestimmt. Von diesem Leitbild her wird die
**Formbild** Schrift geformt. Infolgedessen können wir im Formbild der Schrift (= stark oder wenig geformt) etwas von den unbewußten Zielsetzungen, Wünschen, Idealen und Leitbildern des Schreibers erkennen. Es zeigt, was der Mensch sein möchte, und gibt Aufschluß über die innere Form und die äußere Ausbildung der treibenden Kräfte und Anlagen.

3. Jedes Schriftbild entsteht in der Auseinandersetzung mit dem jeweils zur Verfügung stehenden Schreibraum. Dieser Raum muß gestaltet werden. Die Anordnung des

Schriftbildes im Raum, das Raumbild, gibt uns deshalb Einblick in Auseinandersetzungen des Menschen innerhalb seines Lebensraums. Es zeigt, bis zu einem bestimmten Grad, wie sich der Schreiber in seine Umwelt einordnet und wie er die Beziehung zu seinen Mitmenschen gestaltet. Weiterhin verrät es, in welchem Maß die Auseinandersetzung mit der Umwelt den Charakter entwickelt und formt.

**Raumbild**

Wollen wir also eine Schrift deuten, müssen wir zunächst einmal die folgenden drei Fragen stellen:

**Drei Fragestellungen**

a) Was bringt der Schreiber an Anlagen mit, und was treibt ihn zur Entfaltung seiner Anlagen und zum Einsatz seiner Fähigkeiten?

**Was ist an Anlagen und Antrieben vorhanden?**

b) Was bezweckt er mit seinem Wollen und Streben, was schwebt ihm als Leitbild vor, welches sind die Ziele seines Handelns, welches ist die Leitlinie seines Lebens?

**An welcher Leitlinie orientiert er sich?**

c) Wie paßt er sich seiner Umgebung an, welche Beziehungen hat er zu seinen Mitmenschen, welche Rolle kann er in der menschlichen Welt spielen?

**Wie reagiert er auf seine Mitmenschen?**

Welche Schriftmerkmale entsprechen nun den hier aufgezeichneten drei Bereichen des Bewegungsbildes, des Raumbildes und des Formbildes? Eine eindeutige Antwort auf diese Frage gibt es nicht, denn die Merkmale können meist aus verschiedenen Blickwinkeln betrachtet werden und lassen sich dementsprechend nicht genau abgrenzen oder einordnen. Die Größe (siehe Seite 34) der Schrift zum Beispiel ist sowohl ein Merkmal des Bewegungsbildes als auch des Raumbildes, da sie einerseits aus dem Bewegungsimpuls entsteht, der durch die treibenden Kräfte der Persönlichkeit ausgelöst wird, zum anderen aber als Faktor der Raumgestaltung angesehen werden muß. Ebenso kann man die Bindungsform (siehe Seite 80) vom Bewegungsbild her deuten, weil hier ein natürlicher Impuls seine Gestaltung findet, oder unter dem Gesichtspunkt des Leitbildes. Im letztgenannten Fall ist dann die Bindung ein Merkmal des Formbildes.

Um zu einer besseren Übersicht zu gelangen, kann man die Einzelmerkmale in einem Kreis anordnen (siehe Seite 32). Dabei entstehen drei Sektoren für das Bewegungsbild, das Raumbild und das Formbild. Wir ersehen aus dieser Darstellung sehr deutlich, welche Merkmale innerhalb eines einzelnen Bereiches liegen und welche für verschiedene, sich überschneidende Sektoren zutreffen.

**Gruppierung der Merkmale**

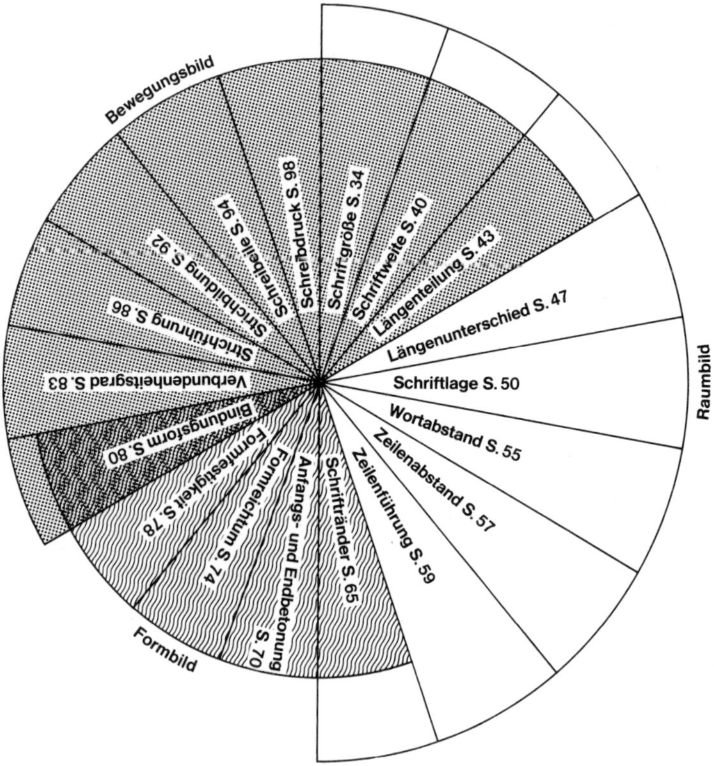
Bewegungsbild
Schreibdruck S. 98
Schriftgröße S. 34
Schriftweite S. 40
Längenteilung S. 43
Schreibeile S. 94
Strichbildung S. 92
Strichführung S. 86
Verbundenheitsgrad S. 83
Längenunterschied S. 47
Schriftlage S. 50
Raumbild
Wortabstand S. 55
Zeilenabstand S. 57
Zeilenführung S. 59
Bindungsform S. 80
Formfestigkeit S. 78
Formreichtum S. 74
Anfangs- und Endbetonung S. 70
Schriftränder S. 65
Formbild

**Deutungstabellen**

Eines muß hier nochmals betont werden: Die einzelnen Merkmale haben nicht nur hinsichtlich ihrer Zugehörigkeit zu den verschiedenen Bereichen, sondern auch als Einzelmerkmale verschiedene Bedeutung. Es empfiehlt sich deshalb, die unterschiedliche Wertigkeit der Merkmale in Deutungstabellen zu erfassen und gegenüberzustellen. Auf den folgenden Seiten wird jedem einzelnen Merkmal eine solche Deutungstabelle beigegeben, in der die entgegengesetzten Extreme des Merkmales in ihrer positiven und negativen Bedeutung aufgezeichnet sind. In diesen Tabellen wird der Bereich der Deutungsmöglichkeiten klar abgesteckt und eine allgemeine Übersicht gegeben, das heißt, eine brauchbare Grundlage für den Anfang. Aber natürlich können auch diese Tabellen nur einen groben Ansatz für die Deutung bieten, einen Deutungsansatz, der vom Graphologen weiter nuanciert werden muß. Vor allem muß man sich klar darüber sein, daß der Mensch nicht allein nach den hier aufgezeichneten Extremen oder Polen des einzelnen Merkmales beurteilt werden kann. Zwischen den beiden Polen, also zum Beispiel zwischen groß und klein, weit und eng, schnell und langsam usw., bestehen immer Übergänge, die selbstverständlich berücksichtigt werden müssen. Die reine Ausprägung des Merkmals in einem Extrem kommt ziemlich selten vor.

Die Deutungstabellen geben ferner für jeden Pol des Merkmales die positive und negative Bedeutung an, und zwar in Anlehnung an die ganzheitliche Deutung, wie sie Klages in seinem Formniveau (siehe Seite 26) anstrebt. Das heißt, die Doppeldeutigkeit des Merkmales wird so aufgeschlüsselt, daß hinter dem Zeichen + das positive, hinter dem Zeichen — das negative Erscheinungsbild des Merkmales und seelischen Prozesses angegeben werden. Die allgemeine Bedeutung des jeweiligen Merkmales bzw. die durch das Merkmal zum Teil sichtbar werdende Grundtendenz persönlicher Entfaltung wird am Kopf einer jeden Tabelle kurz beschrieben. Diese Beschreibung zeigt in groben Zügen, in welcher Richtung sich unser Deutungsversuch bewegen muß. Inwieweit Abweichungen von der Grundlinie auftreten, hängt von dem Ausprägungsgrad und der positiven oder negativen Betonung des Merkmales ab. Es gehört natürlich, wie schon wiederholt gesagt wurde, viel Übung und Einfühlungsvermögen dazu, die wirkliche Bedeutung des Merkmals in allen Nuancen zu erfassen. Aber wenn man erst einmal das Grundprinzip der Deutung nach den drei Gesichtspunkten des Bewegungsbildes, des Raumbildes und des Formbildes klar erkennt, fällt es nicht mehr allzu schwer, noch vorhandene Lücken zu füllen.

Zur Erleichterung des Verständnisses wurde jeder Deutungstabelle zusätzlich eine Übersicht der Sonderformen des jeweiligen Merkmales beigegeben. Diese Zusammenstellungen enthalten alle häufiger vorkommenden Varianten des Grundmerkmales. Es sei aber schon hier davor gewarnt, bei der Deutung allein von den Sondermerkmalen auszugehen. Auch wenn sie auffällig in Erscheinung treten, dürfen sie nur als Ergänzung des Hauptmerkmales dienen. Die wirkliche Bedeutung des Sondermerkmales für die Persönlichkeit wird erst klar, wenn wir ein Gesamtbild der jeweiligen seelischen Hintergründe gewonnen haben.

Bevor wir nun an die Deutung herangehen, noch ein Hinweis: Wie schon unsere Abbildung mit der kreisförmigen

**Deutung
von Sonderformen**

33

Anordnung der Merkmale (siehe Seite 32) zeigt, ist es im Grunde gleichgültig, mit welchem Merkmal man bei der Deutung beginnt. Wichtig ist nur, daß alle Merkmale erfaßt werden, daß sich also der Kreis schließt.

## Deutung der Einzelmerkmale

Sieht man sich eine Schrift an, so hat man meist sofort einen unmittelbaren Eindruck, ob sie groß, mittel oder klein ist. In den Extremfällen kann man sich auch kaum täuschen. Aber bei Übergrößen und ungleichmäßiger Schrift fällt die Entscheidung und Einordnung schon schwerer.

## Schriftgröße

Deshalb seien hier einige Daten angegeben: Die Graphologen gehen bei der Beurteilung der Größe entweder von den Kurzbuchstaben oder von den Langbuchstaben aus. Bei den Kurzbuchstaben bedeutet eine regelmäßige Überschreitung von 3 mm eine große Schrift, die Unterschreitung von 2 mm eine kleine Schrift. Für die Langbuchstaben gibt Robert Heiß an: über 15 mm = groß, 12–15 mm = fast groß, 9–12 mm = mittelgroß, 6–9 mm = fast klein und unter 6 mm = klein. Es empfiehlt sich, beide Methoden anzuwenden, also sowohl die Kurzbuchstaben als auch die Kleinbuchstaben aufgrund der hier angegebenen Maße zu überprüfen. Bei der ersten, mehr intuitiven Beurteilung ist ferner zu beachten, daß eine steile Schrift größer, eine schräge Schrift kleiner erscheinen kann, als es der Wirklichkeit entspricht (Schriftproben 10–14).

## 10
**Sehr große Schrift
Kurzbuchstaben
4–5 mm, Langbuch-
staben 10–12 mm**

Die Schriftgröße kann grundsätzlich unter zwei Aspekten gesehen werden: einmal als Ausdruck der Willensentfaltung, zum anderen als Ausdruck des Selbstgefühls. Je nach dem Aspekt erhalten wir eine andersartige Aussage.

## Größe als Ausdruck der Willensentfaltung

Als Ausdruck der Willensentfaltung weist – vereinfacht gesagt – eine große Schrift auf einen Ausgriff, auf ein gesundes Entfaltungsstreben hin, während eine kleine Schrift zeigt, daß der Schreiber »an sich hält«, daß er in erster Linie Selbstbeherrschung und Zurückhaltung übt. Zum Ausgriff

**11**
Große Schrift
Kurzbuchstaben
3–5 mm,
Langbuchstaben
9–10 mm

**12**
Untermittelgroße
Schrift
Kurzbuchstaben
1–2 mm, Langbuch-
staben 7–8 mm

**13**
Fast kleine Schrift
Kurzbuchstaben
1–2 mm,
Langbuchstaben
ca. 8 mm

**14**
Sehr kleine Schrift
Kurzbuchstaben
unter 0,5 mm,
Langbuchstaben
4–6 mm

führen – in psychologischer Sicht – vor allem der uns innewohnende, ursprüngliche Tätigkeitsdrang oder das Streben, ein selbstgesetztes Lebensziel zu erreichen.
Das heißt mit anderen Worten: Der Mensch wird von innen her zum Einsatz aller verfügbaren Energie getrieben, wie auch von einem Ziel »angezogen« und zur Kräfteentfaltung angeregt.

Sowohl der Entfaltungsdrang, wie ihn eine große Schrift verrät, als auch die Selbstzügelung, die in einer kleinen Schrift sichtbar wird, können die verschiedensten Formen annehmen, das heißt positive und negative Auswirkungen haben (in der Tabelle durch + und — gekennzeichnet).

**Ausdruck der Größe im Bewegungsbild**

Der Ausgriff oder die Aktivität – wie sie in einer großen Schrift sichtbar werden – finden im positiven Extremfall ihre Krönung in einer echten Schaffensfreude, in einem natürlichen Vorwärtsstreben, in einem überzeugenden Durchsetzungsbemühen. Dieser Extremfall setzt allerdings eine entsprechende persönliche Substanz voraus. Nur durch sie erhält der Tatendrang seine wirkungsvolle Durchschlagskraft. Steht dagegen hinter den ausgreifenden Kräften eine bedeutungslose Natur, oder erstrebt ein Mensch eine Entfaltung, die seine Kräfte und Fähigkeiten übersteigt, so erhält die Aktivität ein negatives Vorzeichen. Es werden zwar auch in diesem Fall Impulse frei, aber die Aktivität ist nicht fundiert und erschöpft sich demzufolge in einer momentanen Impulsivität. Dieses meist kurze Aufflackern des Willenseinsatzes wirkt fast immer »gewollt« und führt nur selten zu sinnvollem, zielstrebigem Handeln. Häufig genug entspringt diese Art der Aktivität überhaupt nur dem Bemühen, im Leben »dabeizusein«. Ob die positive oder negative Ausdeutung der Willensentfaltung richtig ist, oder welche Übergangsstufe zwischen den beiden aufgezeichneten Merkmalextremen einer großen Schrift vorliegt, läßt sich mit einiger Sicherheit nur feststellen, indem man auch andere Schriftmerkmale prüft (siehe Seite 101). Was bisher über die Doppeldeutigkeit der großen Schrift gesagt wurde, gilt in ähnlichem Maße auch für eine kleine Schrift. Auch hier müssen die positiven und negativen Pole – Zügelung und Passivität – richtig erkannt werden: Zügelung als Zeichen der Beherrschung und Konzentration, Passivität als Ausdruck der Schwäche und Selbstgenügsamkeit. Die Entfaltungsmöglichkeiten umfassen bei positiver Ausprägung Selbstbeherrschung im Sinne persönlicher und kultivierter Lebensform, Konzentration und Sammlung auf das Wesentliche, Vertiefung in den Kern der Dinge und schließlich eine selbstgewählte Begrenzung in Form einer ernsten Selbstkritik. Bei negativer Ausprägung, also bei Passivität aus Schwäche, zeigt sich engbegrenztes Denken und Handeln, Festfahren in einem einmal gewählten Geleise, kurz, Kleinlichkeit ist charakteristisch. Menschen mit einer solchen Wil-

Die Deutung erschließt die Entfaltungsformen des Willens. Sie bewegt sich zwischen den beiden Polen von Ausgriff, Aktivität und Ansichhalten.

1. Groß + Aktivität, Tatendrang, Schaffensfreude, Eroberungsdrang, Durchsetzungskraft, expansive Einstellung
   — Impulsivität des Handelns, Dabeiseinwollen, Betriebsamkeit, massives Vorwärtsdrängen
2. Klein + Zügelung, Selbstbeherrschung, Sammlung, Konzentration, Sinn für das Kleine und einzelne, Wenig-aus-sich-Heraustreten
   — Passivität, Kleinlichkeit, Sich-fest-Rennen, Versteifung

lensentfaltung klammern sich gern an vorgeschriebene Ordnungen und Formen. Sie verraten damit ihre Unsicherheit, Angst vor dem Risiko, Zurückhaltung und Bereitschaft zur Selbstbeschränkung.

Bei der hier gegebenen Deutung wird die Schriftgröße als ein Bewegungsmerkmal aufgefaßt, als ein Merkmal, in dem sich der unmittelbare Bewegungsimpuls des Schreibers niederschlägt. Dieses Merkmal entspringt zugleich dem unbewußten Entfaltungsdrang und gehört somit zu den ursprünglichen Merkmalen, wenn es auch bewußtseins- und erlebnismäßig überformt werden kann. Damit zählt es zu den Schriftsymptomen, die ein erhebliches Gewicht für die graphologische Deutung besitzen.

Genausogut kann man aber die Größe der Schrift auch unter dem Gesichtspunkt des Raumbildes deuten. Hier ist sie dann nicht Ausdruck eines Bewegungsimpulses, sondern Ausdruck der Einordnung des Schreibers in den Raum, das heißt in den Lebensraum.

Ebenso wie der Mensch sich mit seinem Lebensraum auseinandersetzt, so setzt sich der Schreiber mit dem vorgegebenen Raum des Schreibblattes auseinander. Wie der Mensch seine Auseinandersetzung und Einordnung in den Lebensraum erlebt, so erlebt der Schreiber auch bewußtseinsmäßig seine Gestaltung des Schreibraumes. Bei diesem Erleben spielt das Leitbild des Schreibers eine große Rolle. Mit anderen Worten, bei einer Deutung der Schriftgröße unter dem Gesichtspunkt des Raumbildes erfahren wir weitgehend, was der Schreiber vom Leben erwartet und wie stark sein Selbstgefühl ausgeprägt ist.

**Größe als Ausdruck des Selbstgefühls**

Als Ausdruck des Selbstgefühls ist die Schriftgröße ein Spiegel des elementaren seelischen Bedürfnisses nach Anerkennung und Geltung. Dieses Bedürfnis ist in jedem von uns mehr oder weniger stark ausgeprägt, denn der Mensch ist von Natur ein geselliges Wesen und auf ein Zusammenleben mit anderen ausgerichtet. Wie erlebt sich aber nun der einzelne selbst in seinem Verhältnis zum Mitmenschen? Die Schriftgröße gibt auf diese Frage teilweise Antwort: Glaubt der Mensch an seinen »besonderen Wert« im Vergleich zu den Mitmenschen – so stellt er auch einen entsprechenden Anspruch. Das heißt, er braucht für seine Lebensentfaltung Raum, und dementsprechend ist auch seine Schrift »raumgreifend«. Erlebt er sich den Mitmenschen gegenüber weniger bedeutend und herausgehoben, so bleibt er meist auch bescheiden. Er hält sich zurück, und seine Schrift benötigt ebenfalls wenig Raum.

Diese Deutung ist natürlich sehr grob und erfaßt noch nicht die Nuancierungen. Wir müssen zugleich berücksichtigen, daß es weitgehend von der menschlichen Art des einzelnen abhängt, wie sich Anspruch und Bescheidenheit auswirken. Es gilt also, auch die Lebensfülle zu erfassen, die sich durch den Rhythmus und das Formniveau der Schrift (siehe Seite 25) ausdrückt. Dementsprechend müssen wir die Deutung weiter zu verfeinern suchen.

Der Anspruch, wie er sich in einer großen, raumgreifenden

---

**Schriftgröße als Ausdruck des Selbstgefühls**

Die Deutung weist auf den Ausprägungsgrad des Selbstwertgefühls hin. Sie bewegt sich zwischen den beiden Polen von Anspruch und Bescheidenheit.

1. Groß + Überzeugungskraft, Selbstsicherheit, Repräsentation, Überlegenheitsgefühl, natürlicher Anspruch

      – Angeberei, Geltungsdrang, Rollenbedürfnis, Wirkenwollen, Aufmachung

2. Klein + Sachlichkeit, Wirklichkeitssinn, Sinn für das Wesentliche, Pflichtbewußtsein, Bescheidenheit, Verinnerlichung

      – Ängstlichkeit, Unsicherheit, Vorsicht, Bewahrung

---

Schrift zeigt, führt zu einer überzeugenden Form der Entfaltung, wenn er menschliche Substanz zur Grundlage hat: Sicherheit, Unabhängigkeit vom Urteil der anderen, Überlegenheitsgefühl und das Bedürfnis, dieser inneren Haltung entsprechend nach außen repräsentativ aufzutreten, sind die möglichen Erscheinungsformen. Ist dagegen die Lebensfülle des Schreibers nur gering, so bleibt der Anspruch unecht und führt zur Angeberei: Aufmachung, Geltungsstreben, Wirkenwollen, Veräußerlichung der Daseinserfüllung sind die Folgen, die dem Graphologen sichtbar werden.

Auch die Bescheidenheit (kleine Schrift) kann sich verschieden verwirklichen. Bei seelischer Substanz führt sie zur Sachlichkeit, das heißt zur Bindung an die Sache und Aufgabe unter gleichzeitigem Zurücktreten der eigenen Person. Sinn für das Wesentliche, Erfassen der Wirklichkeit und ein ausgeglichenes Verhältnis zum Mitmenschen sind die Entfaltungsformen. Bei geringer seelischer Fülle hingegen bleibt der Bescheidene in der Unsicherheit stecken. Daraus ergeben sich als zwangsläufige Erscheinungsformen Vorsicht, Verharren, ängstliches Sichanklammern an Tatsachen und das Gerüst einer kleinlichen Lebenseinstellung.

Zwischen diesen scharf gekennzeichneten Polen menschlicher Entfaltung liegen sehr vielgestalte Übergänge. Man kann sie erst im Zusammenhang mit der Deutung anderer Schriftmerkmale (siehe Seite 108) richtig betonen. Die Art des Selbsterlebens wird aber in keinem anderen Merkmal so deutlich sichtbar wie gerade in der Schriftgröße.

---

Neben den in den Grundtabellen 1 und 2 angegebenen Deutungsgesichtspunkten können noch einige Sondermerkmale bedeutsam sein:

**Sondermerkmale der Schriftgröße**

1. Wechsel in der Größe

   Kaum eine Schrift ist absolut gleich in ihrer Größe. Sind aber die Größenunterschiede sehr auffällig, kann das entweder auf ein unsicheres und leicht störbares Selbstgefühl hindeuten oder auf eine Unruhe und ein stärkeres Schwanken der Willensimpulse.

2. Extrem große Schrift

   Sie deutet auf eine Selbstüberschätzung hin, die – je nach anderen Merkmalen – nur in der Illusion besteht oder auch in übertriebenen Ansprüchen und Handlungen wirksam wird.

3. Extrem kleine Schrift

Sie kann auf eine Angst vor der Wirklichkeit und den Anforderungen des Alltags hinweisen. Unter Umständen deutet sie aber auch auf völlige Hingabe an das Kleine und einzelne hin, im Extrem auf Kleinlichkeitskrämerei.

4. Absinkende Größe

Sie deutet auf erhöhte Ansprüche hin, die aber nicht durchgehalten werden, entweder weil die Energie erlahmt oder weil der Anspruch sich in der äußeren Form des »Sichgebens« zu schnell erschöpft.

5. Ansteigende Größe

Sie weist entweder auf ein allmähliches Sicherwerden und Aussichheraustreten hin, oder sie bedeutet, daß der Schreiber sich an der eigenen Wirksamkeit berauscht.

6. Verkümmerte Einzelbuchstaben

Sie zeigen entweder eine Störung der geistigen Entfaltung, des Selbstgefühls oder der Lebenskraft an, je nachdem, ob die Verkümmerung die Oberzone, das Mittelband oder die Unterzone der Schriftzeile betrifft.

7. Auffallend große Kleinbuchstaben
(vorwiegend a, o, e)

Sie deuten auf die Tendenz zur Selbstdarstellung mit Übertreibungen im einzelnen hin.

---

## Schriftweite

Unter der Schriftweite versteht der Graphologe den Abstand zwischen den Einzelbuchstaben. Ist der Abstand weiter als die Basis der einzelnen Buchstaben, so gilt die Schrift als weit. – Während die Schriftweite das Verhältnis von Buchstabenbreite und Abstand bezeichnet, kennzeichnet der Begriff Schriftbreite das Verhältnis von Höhe und Breite des Kleinbuchstabens. Diese Unterscheidung ist prinzipiell richtig.

Da aber erfahrungsgemäß im allgemeinen Weite und Breite zusammenfallen, haben wir hier diese beiden Merkmale zusammengefaßt, zumal sie auf ein und denselben Faktor zurückgehen, nämlich auf einen vorwärts bzw. nach rechts drängenden Bewegungsimpuls. Ist dieser Impuls stark, so kommt es zu einer Dehnung der Schrift, ist er schwach, bleibt auch der Schriftfluß gering. Die Bewegung »tritt auf der Stelle«, und die Schrift wird eng.

Deutet man die Schriftweite nicht als Bewegungsbild, sondern als Raumbild, so verändert sich die Aussagerichtung, und wir erhalten Aufschlüsse über den Grad der Raumbeanspruchung. Beide Deutungswege sind möglich und berechtigt. Unter dem einen Gesichtspunkt fragt man nach den treibenden Kräften (wie stark ist der Bewegungsimpuls?), unter dem anderen fragt man nach dem Sinn der Ausdrucksformen (welche Verhaltensrichtung offenbart sich?). In beiden Fällen erhalten wir durch den Grad der Schriftweite eine Aussage über die mehr oder weniger starke Zuwendung des Schreibers zur Außenwelt. Nur kennzeichnet dieses Merkmal der Schrift mehr die sachliche als die menschliche Begegnung mit der Außenwelt. – Tritt der Mensch der Außenwelt frei und aufgeschlossen, ohne Hemmungen entgegen, oder ist er vorsichtig, beherrscht und zurückhaltend? Das ist etwa die Frage, die sich uns bei der Deutung der Schriftweite stellt.

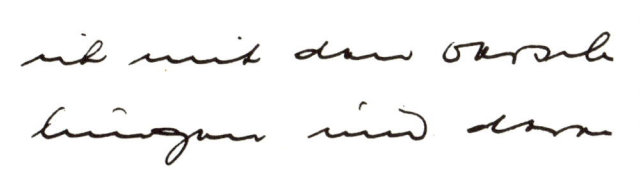

**15**
**Weite Schrift**

Die weite Schrift (Schriftprobe 15) deutet im positiven Sinn auf eine strebsame, interessierte, aufgeschlossene Zuwendung zur Außenwelt. Der Schreiber zeigt die Tendenz, sich den Anregungen und den Aufforderungen zu öffnen, die die Umwelt an den Menschen stellt. Im negativen Sinn weist das genannte Schriftmerkmal darauf hin, daß der betreffende Mensch zu einem flüchtigen, ungeduldigen und nachlässigen Tun neigt. Mit anderen Worten: Sowohl im Positiven wie im Negativen werden Anregungen leicht und schnell und sehr bereitwillig aufgenommen, in einem Fall jedoch gründlich, im anderen nur oberflächlich verarbeitet. Welche Deutung in Frage kommt, hängt von den anderen Schriftmerkmalen (siehe Seite 50) ab, denn nur durch ständiges Vergleichen aller Merkmale läßt sich, wie wir wissen, von der immer wiederkehrenden Grundtendenz her eine Einordnung der Einzeldeutungen ermöglichen.
Die enge Schrift (Schriftprobe 16) deutet im positiven Sinn auf Mäßigung, auf Haltung, auf Selbstbeherrschung und

Die Deutung weist auf die Art der Zuwendung zur Außenwelt hin. Sie bewegt sich zwischen den beiden Polen einer freien oder vorsichtigen Zuwendung.

1. Weit  + eifrig, strebsam, aufgeschlossen, interessiert, hingabebereit, großzügig
   — flüchtig, nachlässig, ungeduldig, haltlos, naive Ansprüche
2. Eng  + Mäßigung, Haltung, Anspannung, Beherrschung, Vorsicht
   — ängstlich, gehemmt, kleinlich, mißtrauisch, kritisch, unsachlich

Anspannung. Der betreffende Schreiber ist gegenüber der Umwelt nicht sehr aufgeschlossen. Er hält sich mehr zurück. Das mag auf eine Neigung zur Vorsicht zurückzuführen sein, es kann aber genausogut Ausdruck einer geübten, bewußten Selbstbeherrschung sein. Auf jeden Fall läßt der Mensch die Ereignisse auf sich zukommen, ohne sich ihnen sofort aufzuschließen. Im negativen Fall verrät eine solche Schreibweise Ängstlichkeit, Mißtrauen und Kleinlichkeit. Hier sind es Hemmungen, die zur Zurückhaltung führen.

## 16
**Enge Schrift**

Weil die Weite gleichermaßen als Bewegungsbild und als Raumbild auf denselben raumgreifenden Zug hinweist, also von zwei verschiedenen Ausgangspunkten her zu denselben Deutungsergebnissen führt, hat sie für die graphologische Deutung einen beachtlichen Wert. Daran ändert auch nichts, daß die Schriftweite bis zu einem gewissen Grad vom Schreiber selbst »verfälscht« werden kann, nämlich auf eine enge Schrift hin. Das ist zwar bei der Deutung zu beachten, aber andererseits zeigt ja allein der Versuch, die Schrift zu verengen und so Tatsachen zu verschleiern, daß der Schreiber sich ängstlich abschirmt und sich gegen die Umwelt abriegelt.

1. Wechselnde Weite
   Sie weist auf eine unsichere, unbeständige Zuwendung zur Außenwelt hin. Ausgreifende Impulse und Hemmungen wechseln ab. Das kann seine Ursache in einem schwankenden Selbstwertgefühl haben, einen Mangel an klaren Zielvorstellungen bedeuten oder zeigen, daß der Schreiber auf die Reize der Umwelt unausgeglichen reagiert.
2. Weiter werdende Wortenden
   Sie verraten ein allmähliches »Ingangkommen«, aber auch ein »Sichgehenlassen«.
3. Enger werdende Wortenden
   Sie weisen auf ein zunehmendes Abfangen der Impulse oder auf Angst vor der eigenen Courage hin. – »Der Schreiber nimmt sich nach schwungvollem Anlauf zunehmend mehr an die Kandare.«
4. Schmale Buchstaben und weite Buchstabenabstände (»sekundäre Enge«)
   Ausgeprägte Tendenz zur Selbstkontrolle bei lebhafter Aktivität.
5. Breite Buchstaben bei engem Buchstabenabstand (»sekundäre Weite«)
   Wir haben es hier mit einem Bemühen um Aktivität und Entfaltung zu tun, allerdings mit geringer Substanz und wenig Durchhaltefähigkeit.
6. Teilweise Verengung
   Plötzlich von innen her auftretende Unsicherheiten.

# Längenteilung

Unter der Längenteilung versteht der Graphologe das Verhältnis der Oberlängen zu den Unterlängen. Nach der Schulschrift haben Ober- und Unterlängen der Buchstaben die gleiche Ausdehnung. Bei der individuellen Handschrift können aber sowohl die Ober- wie die Unterlängen vergrößert oder verkümmert sein.

Die Deutung dieses Schriftmerkmales geht von der Raumsymbolik aus, in der erfahrungsgemäß »Oben« eine Beziehung zum geistig-intellektuellen Bereich bedeutet, »Unten« dagegen eine Beziehung zum Vitalen, Anschaulichen, Praktischen.

<table>
<tr><td>

**17**
**Betonung
der Oberlängen**

</td><td>

*was mir sonst ein Studium vernei
Mein besonderes Interesse für auslän*

</td></tr>
</table>

Die Betonung der Oberlängen (Schriftprobe 17) weist auf einen echten, beseelten Intellekt hin, der sich in geistigen Interessen, in der Begeisterungsfähigkeit und in der verstandesmäßigen Bewältigung der geistigen Ziele auswirkt. Bei einem geringen Formniveau, das heißt hier, wenn die Oberlängen im Vergleich zu den Unterlängen so übermäßig betont sind, daß ein Mißverhältnis entsteht, ist zwar die Neigung zum Geistigen auch vorhanden, die Probleme werden jedoch nicht bewältigt. Das führt zur »Wurzellosigkeit«, die sich in überspannten Ideen und in einem Mangel an Wirklichkeitsbewußtsein ausdrückt. Dasselbe Mißverhältnis zwischen Ober- und Unterlängen erscheint nicht nur bei einer Überbetonung der Oberlängen, sondern auch bei Verkümmerung der Unterlängen (Schriftprobe 18). Auch in diesem Fall werden die Oberlängen überwertig. Allerdings entsteht das anders als im vorigen Fall durch eine Verkümmerung der Unterlängen, nicht durch eine besondere Betonung der Oberlängen. Das heißt, hier wird besonders deutlich, daß eine zu geringe Grundlage der Lebenskraft zur Ablösung von der Wirklichkeit führt, was sich in einer lebensunpraktischen Haltung auswirkt.

<table>
<tr><td>

**18**
**Verkümmerung
der Unterlängen**

</td><td>

*der Hilfe, fertig zu werden.
elbständigkeit und dieses*

</td></tr>
</table>

Die Betonung der Unterlängen (Schriftprobe 19) weist in positiver Sicht, also bei gutem Formniveau, auf eine echte Verwurzelung in tieferen Schichten der Persönlichkeit hin, auf lebensgebundenes Denken, Echtheit und Tiefe des Gemüts und gesunden Wirklichkeitssinn. Im negativen Fall deutet sie auf einen ungeistigen Materialismus hin, auf eine primitive Denkart und eine ungewandte, schwerfällige

44

Die Deutung weist auf die persönliche Orientierung zwischen den beiden Polen von »Geist« und »Materie« hin.

| | | |
|---|---|---|
| 1. Oberlängen betont | + | geistige Neigungen, Begeisterungsfähigkeit, Idealismus, Tendenz zu abstraktem Denken, bewegliche geistige Orientierung |
| | — | Verlust an Wirklichkeitssinn, unsachlich blasser Intellekt, überspannte Ideen, Wurzellosigkeit |
| 2. Unterlängen betont | + | Gemütsbindungen, Wirklichkeitssinn, breite lebensvolle Grundlagen, lebensgebundenes Denken |
| | — | materielle Grundhaltung, schwerfällig, ungewandt, primitive Denkart |
| 3. Oberlängen verkümmert | | Mangel an Geistigkeit, geringe Ansprechbarkeit, Selbstgerechtigkeit, Mangel an Interessen |
| 4. Unterlängen verkümmert | | Wurzellosigkeit, schmale vitale Basis, lebensunpraktisch. |

Auseinandersetzung mit geistigen Fragen. Ebenso kann auch eine Überwertigkeit der Unterlängen allein durch Verkümmerung der Oberlängen entstehen (Schriftprobe 20).

Das zeigt ganz allgemein einen Mangel an Geistigkeit, das Fehlen von Interessen und Fähigkeiten. In vielen Fällen führt diese Situation zur Selbstgerechtigkeit des ungeistigen, zugleich aber kraftvollen Menschen.

**19**
Betonung
der Unterlängen

45

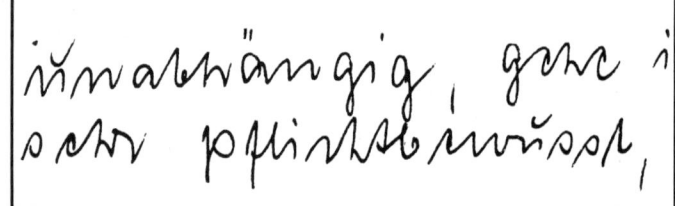

**20**
**Verkümmerung der Oberlängen**

Neben diesen Grunddeutungen müssen selbstverständlich auch die Besonderheiten berücksichtigt werden, die gerade bei der Längenteilung in besonders großer Zahl auftreten. Sie können bei vorsichtiger Erörterung ganz wesentlich zur Ergänzung der Grunderkenntnis beitragen. (Siehe Tabelle der Sondermerkmale.) Diese Sondermerkmale dürfen aber keinesfalls überbewertet oder gar in oberflächlicher Weise losgelöst von den Hauptmerkmalen und dem Gesamtschriftbild gedeutet werden. Dieser Fehler, den Laien nur zu leicht machen, führt mit Sicherheit zu Trugschlüssen. Die Sondermerkmale können nur im Zusammenhang der Gesamtdeutung richtige Akzente setzen.

**Sondermerkmale der Längenteilung**

A. Oberlängen
   1. Wechselnd
      Unruhige Phantasie, schwankend in Richtung und Umfang
   2. Aufgeblähte Oberlängen (Völle)
      Illusionismus, unbegründete Einbildungen, Verlust des Wirklichkeitssinns, positiv: Phantasie
   3. Abgeflachte Oberschleifen
      Nachwirkung von Enttäuschungen, gedrückte Lebensgrundstimmung, Lebensangst
   4. Anflicken von Schleifen an sehr magere Oberlängen
      Selbsttäuschung hinsichtlich der geistigen Möglichkeiten oder nervöse Selbstkontrolle
   5. Abgeknickte, verkleinerte d-Köpfchen
      Persönliche Empfindlichkeit, Übelnehmerei, feinfühlig, verletzlich
   6. Fehlende Oberschleifen
      Mangel an Anpassung, Rücksichtslosigkeit
B. Unterlängen
   1. Wechselnd
      Unruhige Triebveranlagung

2. Scharf gequert
   Eigenwilligkeit, Durchsetzungsdrang, schwer verträglich
3. Dreieckig
   Eigenwillig, ichhaft, geltungsbedürftig
4. Fortgelassen
   Hast, Unruhe, Übereifer
5. Abgerissene Unterlängen:
   Störungen in der vitalen Substanz, Flüchtigkeit

---

Mit dem Begriff Längenunterschied bezeichnet man das Verhältnis der Langbuchstaben (mit Ober- und Unterlänge) zu den Mittelbuchstaben (entweder mit Ober- oder Unterlänge) und Kurzbuchstaben (ohne Ober- und Unterlänge). Das normale Verhältnis – gemäß der Schulschrift – ist 3:2:1. Wenn also die Langbuchstaben mehr als dreimal so lang sind wie die Kurzbuchstaben, dann sprechen wir von einem großen Längenunterschied, wenn sie im Verhältnis zu den Kurzbuchstaben kleiner sind, von einem geringen Längenunterschied (Schriftprobe 21–24).

**Längen-unterschied**

**21**
Großer
Längenunterschied
Längenverhältnis
1:3:7

Das Schriftmerkmal des Längenunterschiedes gehört zum Raumbild. Bei der Deutung hat man also von der Raumsymbolik auszugehen und das Mittelband – die Höhe der Kurzbuchstaben – als Ausdruck des Icherlebens, des Selbstwertgefühls zu betrachten. Die Frage lautet deshalb: Liegt der ausdrucksmäßige Schwerpunkt im Mittelband, oder verlagern sich die Gewichte nach außen? Der Unterschied zwischen den Langbuchstaben und dem Mittelband kann, wie gesagt, groß, aber ebenso auch sehr gering sein. Im ersten Fall gewinnt der Ausgriff nach oben und nach unten Bedeutung, im anderen die Betonung des zentralen Bereichs. Dementsprechend deutet dieses Schriftmerkmal auf das Verhältnis zwischen eigenem Ich und der Orientie-

47

| | |
|---|---|
| **22**<br>Mittlerer<br>Längenunterschied<br>Normales<br>Längenverhältnis<br>1:2:3 | *Ich bin 35 Jahre alt, mit ... arbeiten verheirat, an* |
| **23**<br>Geringer<br>Längenunterschied<br>Längenverhältnis<br>1:1,6:2,8 | *Da diese Tätigkeit ... wicklung der Täti... einen begrenzten* |
| **24**<br>Geringer<br>Längenunterschied<br>Längenverhältnis<br>1:1,7:2,3 | *vielseitige Branchenkenntnisse, ... saubere Haltung, Kenntnisse in gesetzgebung, Aufgeschlossenheit ...* |

rung in der Außenwelt (etwa in Form von Aufgaben, Pflichten usw.) hin. Die Aufgabenstellung kann ein Übergewicht haben, so daß das Ich weitgehend zurücktritt. Das Ich kann aber auch im Mittelpunkt stehen. Dann gewinnen die Aufgaben oder Ziele keine große Bedeutung.

Großer Längenunterschied verrät im positiven Sinn ein starkes Streben. Die Ziele sind weit gesteckt, und der Schreiber ist bereit, für diese Ziele viel einzusetzen. Strebsamkeit und Unternehmungslust kennzeichnen sein Verhalten. Im negativen Sinn liegt ein Mißverhältnis von Wollen und Können vor. Auch hier sind die Ziele weit gesteckt. Aber die seelische Substanz entspricht nicht diesem Streben. Überforderung der eigenen Kräfte und Fähigkeiten mit der daraus fast regelmäßig sich ergebenden Unzufriedenheit sind die Folge.

Kleiner Längenunterschied weist auf die Betonung des Ichs hin. Im positiven Fall bedeutet er ein Zufriedensein mit

Die Deutung weist auf das Verhältnis von Ich und Aufgabe hin. Sie bewegt sich zwischen den Polen eines Übergewichts von Ziel und Aufgabe oder eines Übergewichts des Ich.

1. Groß + ehrgeizig, strebsam, unternehmend, weitgesteckte Ziele

— Mißverhältnis von Wollen und Können, überfordert, unzufrieden, Verlust der Mitte

2. Klein + Insichruhen, bescheiden, anspruchslos, zufrieden

— phlegmatisch, teilnahmslos, uninteressiert

den gegebenen Möglichkeiten und mit der gegebenen Position. Das entspricht einer echten Bescheidenheit, die aus einer richtigen Selbstwertschätzung erwächst und keineswegs mit Schwäche verwechselt werden darf. Bei negativer Ausprägung können die hervorstechendsten Charakterzüge innerhalb dieses Bereiches Teilnahmslosigkeit und ein phlegmatisches Desinteresse sein. Ob das eine oder andere zutrifft, ob wir eine echte Zufriedenheit oder Gleichgültigkeit annehmen müssen, hängt weitgehend vom geistigen Niveau des betreffenden Menschen ab, über das uns erst ein Gesamtbild aller Schriftmerkmale Aufschluß geben kann. Beide Verwirklichungen erwachsen aus der Wurzel des »Insichruhens« und des Icherlebens. In beiden Fällen bedeutet das Ich mehr als die äußeren Ziele, Aufgaben und Erfolge.

Im Längenunterschied wird bis zu einem gewissen Grad auch die innere Dynamik sichtbar, die jeder Persönlichkeit eigen ist und die zum Einsatz der Kräfte und Fähigkeiten anregt. Deshalb ist dieses Schriftmerkmal besonders dann für die Deutung wichtig, wenn die Frage beantwortet werden soll, ob und inwieweit man einem Menschen Einsatz seiner Kräfte (etwa im beruflichen Leben) zutrauen darf, bzw. mit welchen Leistungsmöglichkeiten und mit welcher Leistungswahrscheinlichkeit gerechnet werden kann.

Einige Sondermerkmale des Längenunterschiedes machen neben der Zuwendung nach innen und der Zuwendung nach außen auch die Art der »Außenzuwendung« sichtbar. Hingewiesen werden muß hier auch auf den Sonderfall der »mißglückten« Zuwendung. Er tritt ein, wenn Ziele und

Aufgaben erstrebt werden, die über die Kräfte und Fähigkeiten der Person hinausgehen. Das führt in der Folge zu einem »Bruch« des Lebensgefühls und zu negativer, oft hektischer und letztlich zielloser Strebsamkeit. Der Mensch findet nicht mehr zu sich selbst zurück und vermag nicht mehr sein eigenes Wesen als Schwerpunkt seines Erlebens und seiner persönlichen Gestaltung zu sehen. (Siehe Tabelle der Sondermerkmale, Punkt 3, 4 und 5.)

---

**Sondermerkmale des Längenunterschieds**

1. Wechselnde Längenunterschiede
   Unsicherheit im Verhältnis von Ich und Aufgabe. Wechsel von Unternehmungslust und Passivität
2. Einzelne herausschießende Langlängen
   Einzelne weitgesteckte Ziele, momentaner Leistungsehrgeiz, eventuell Spekulationslust
3. Doppelt geknickte Langlängen
   Bruch im Lebensgefühl, Erlebnis von Enttäuschungen, Unzulänglichkeitsgefühl
4. Rechts gehöhlte Langlängen
   Sichstemmen gegen wirkliche oder vermeintliche Widerstände, Sich-im-Wege-Stehen
5. Rechts gewölbte Langlängen
   beeinflußbar, entmutigt, widerstandslos

---

# Schriftlage

Die Lage der Schrift gehört zum Raumbild. Sie wird deshalb auf eine ursprüngliche Raumsymbolik bezogen. Bei der Deutung müssen wir davon ausgehen, daß die räumliche Polarität rechts-links einer seelischen Polarität entspricht, nämlich der persönlichen Zuwendung zur Außen- oder Innenwelt.

Bei der Schriftdeutung muß allerdings berücksichtigt werden, daß man die Lage der Schrift leicht willkürlich verändern kann (bewußt im Sinne der Verstellung) oder sie unwillkürlich unter bestimmten Erlebnissen und Einstellungen abwandelt. Das verlangt in besonderem Maße, daß jede Deutung durch andere Merkmale bestätigt und abgesichert wird.

Die Graphologie unterscheidet bei diesem Merkmal schräge, steile und linksschräge Schriften. Entscheidend für die Einordnung ist jeweils der Winkel zwischen der Zeilenrich-

tung und den Grundstrichen der Buchstaben. Bei einem
Winkel von weniger als 90 Grad ist die Schrift linksschräg,
bei einem Winkel von 90 bis 110 Grad steil bzw. normal
und bei mehr als 110 Grad schräg bis überschräg. In unseren Beispielen (Schriftproben 25–28) sind diese Grade der
Schriftlage jeweils angegeben. (Zur Verdeutlichung sei noch
gesagt, daß unsere Schulschrift im Bereich der normalen
bzw. steilen Form liegt.)

**25**
Stark
rechtsschräge
Schrift
ca. 132°

**26**
Rechtsschräge
Schrift
ca. 122°

**27**
Steile Schrift
ca. 95°

Dem Leser wird empfohlen, sich bei Betrachtung dieser
Schriften nur auf die Schriftlage zu konzentrieren und von
anderen markanten Merkmalen abzusehen.
Allgemein gesehen erhalten wir durch all diese so sehr unterschiedlichen Schriftlagen eine Teilaussage über den Grad
und die Art menschlicher Zuwendung zur Umwelt. Es gibt

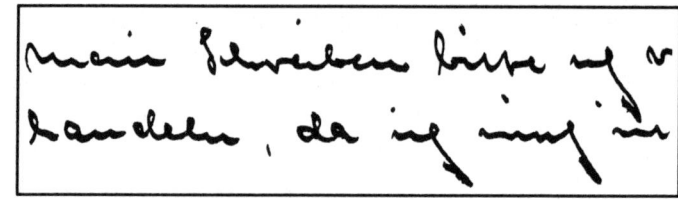

ja die verschiedensten Ausprägungsformen der Beziehung zwischen Mensch und Lebensraum. So kann man der Umwelt bejahend oder ablehnend gegenüberstehen. Der Mensch kann sich auf sich selbst zurückziehen und für sich allein ein seelisches Leben entfalten. Er kann sich aber auch, von innen her getrieben, geradezu in seine Umwelt hineinstürzen und dort ganz in selbstgewählter Betätigung aufgehen. Zwischen diesen beiden Polen gibt es viele Übergänge, die jeweils für die besondere Stellung des Menschen seiner Umwelt gegenüber charakteristisch sind.

Wollen wir diese Verhaltensweisen in der Schrift erkennen, müssen wir sie von der Raumsymbolik her deuten. Die

**Schriftlage als Ausdruck des Umweltkontaktes**

Die Deutung bezieht sich auf die Art des Umweltkontaktes. Sie bewegt sich zwischen den beiden Polen einer Zuwendung oder Abwendung der Umwelt gegenüber.

1. Überschräg + starkes Sichengagieren, Begeisterung, Sichhineinknien, Kontaktsuche
   − Selbstaufgabe, Sichverlieren, Fanatismus, Unruhe, Hast
2. Schräg + Sicheinsetzen, Mitmachen, Hingabebereitschaft, Weltzugewandtheit, Kontaktbereitschaft
   − Mangel an Beherrschung, Unbesonnenheit, Betriebsamkeit, Impulsivität, Unbekümmertheit
3. Steil + Verhaltenheit, Selbstdisziplin, ruhige Distanz, Haltung
   − steif, starr, unzugänglich, kühl, unbewegt
4. Linksschräg + distanziert, angespannt, gebremst, statisch, weltabgewandt, unnahbar
   − unecht, versponnen, gezwungen, versteift, überheblich, voreingenommen

graphologische Praxis und Erfahrung zeigt, daß innerhalb der Raumsymbolik Rechtsorientierung und Umwelt gleichgesetzt werden können, daß also aus der Zuneigung zur Umwelt die Rechtsschräge entsteht. Eine Abwendung von der Umwelt hat ein Sichzurücklehnen zur Folge, was eine Linksschräglage ergibt.

Alle bisher aufgezeichneten Formen können – wie alle Merkmale – einen positiven oder einen negativen Akzent erhalten, je nachdem, ob die Entfaltung der Persönlichkeit aus einer inneren persönlichen Fülle oder Leere vor sich geht.

Die überschräge Schriftlage verrät im positiven Fall ein **Überschräge Schriftlage** starkes Sichengagieren, ein begeistertes Sichhineinknien in die Aufgaben der Umwelt. Das kann – bei negativer Betonung – bis zur Selbstaufgabe führen, bis zu einem Sichverlieren an die Umweltaufgaben und bis zu einem Sichverrennen in einen einseitigen Fanatismus. Ob das eine oder das andere zutrifft, ist eine Frage des persönlichen Formats, das nur durch Vergleich aller Schriftmerkmale und durch die Deutung des Formniveaus einigermaßen sicher erfaßt werden kann. Auch die allzu bereitwillige Kontaktaufnahme kann mindestens in manchen Lebensbereichen und Lebenssituationen negative Wirkungen haben, wenn diese auch vorwiegend vom Niveau der Lebensentfaltung abhängen.

Die schräge Schriftlage deutet ähnlich wie die überschräge **Schräge Schriftlage** Schrift – nur in geringerem Maße – auf ein energisches Sicheinsetzen hin, auf die Bereitschaft zum »Mitmachen« oder auf eine volle Zuwendung zur menschlichen Umwelt. Und wieder wird unter negativem Vorzeichen diese Bereitschaft zur Unbesonnenheit, zur leeren Betriebsamkeit und zu einem Mangel an Selbstbeherrschung.

Die steile oder normale Schriftlage zeigt Verhaltenheit, **Steile Schriftlage** Selbstdisziplin und eine ruhige Distanz zur Umwelt an. Diesem Verhalten entspricht die Neigung, Menschen, Vorgänge und Dinge auf sich zukommen zu lassen, sich nicht allzusehr oder allzuschnell zu engagieren und das Geschehen aus einem entsprechenden Abstand zu betrachten. Negativ gesehen bedeutet das eine unzugängliche Kühle, eine etwas steife und starre Haltung.

Die linksschräge Schrift verrät schließlich eine Persönlich- **Linksschräge Schrift** keit, die sich allzusehr distanziert, sich stark nach innen zurückzieht, nach außen gebremst bleibt und in angespannter

Beziehung zur Umwelt steht. Das braucht keineswegs negativ bewertet zu werden, denn das Innenleben kann sich auch in diesem Fall noch voll entfalten. Die Beziehung zur Umwelt ist allerdings unterbrochen, das heißt, sie kommt nicht so reibungslos zustande wie bei den Schrägschrift-Schreibern. Die Verhaltenheit des nach innen gerichteten Menschen verlangt ja besondere Anstrengungen, soll es zu einem positiven und beständigen Kontakt mit der Umwelt kommen. Unter negativem Vorzeichen führt dieses menschliche Verhalten zu einer gespannten, gezwungenen und unechten Haltung, die im Extremfall nicht selten alle äußeren Erscheinungsformen verkrampfter innerer Überheblichkeit und Selbstgerechtigkeit einschließt.

Das Merkmal der Schriftlage gibt also immer wieder Hinweise auf das Verhältnis des Menschen zu seiner Umwelt. Aus diesen Hinweisen geht aber keineswegs hervor, welche innermenschlichen Grundlagen und Motive für die Art und den Grad der Zuwendung zur Umwelt bestimmend sind. Darum sei nochmals betont: Erst die Überprüfung aller anderen Schriftmerkmale kann zu genauen Deutungsergebnissen führen. Im weiteren Sinne heißt das: Eine Bewer-

**Sondermerkmale der Schriftlage**

1. Wechselnde Schriftlage
   Geringe Beständigkeit in den Umweltbeziehungen; läßt sich leicht anregen und ist empfänglich für Eindrücke; negativ: Unstetigkeit, Haltlosigkeit; aber auch: besondere Eindrucksfähigkeit
   (Dieses Merkmal hat einen größeren Aussagewert, weil es unabhängig von der jeweiligen Schriftlage auftritt und sich auch bei bewußtem Lagewechsel durchsetzen kann.)
2. Steiler am Wortende
   Wachsende Zurückhaltung nach anfänglichem Aussichherausgehen
3. Schräger am Wortende
   Nachlassen der Zurückhaltung, Sichdurchsetzen der triebhaften und unmittelbaren Impulse
4. Einzelne steile Buchstaben
   Unausgeglichen in der Entfaltungstendenz
5. Kurzlängen steiler als Langlängen
   Versuch der Selbstbehauptung gegenüber Umwelteinflüssen, auch Eigenwilligkeit.

tung dieses Merkmales innerhalb der Gesamtpersönlichkeit ist nur möglich, wenn man das Aufbauprinzip und das Format der Persönlichkeit kennt, wenn man auch die psychologischen Erkenntnisse wirklich voll und ganz ausschöpft.

## Wortabstand

Mit dem Begriff Wortabstand ist der Raum zwischen zwei Worten gemeint. Dieses Merkmal erhält seine Aussagefähigkeit dadurch, daß der Gedankenfluß in »graphischen Zeichen« wiedergegeben wird. Mit anderen Worten: Beim Schreiben legen wir unsere Gedanken fest. Dem gedanklichen Ablauf folgt der Schreibablauf von Wort zu Wort. Die Schreibbewegung wird nach jedem Wort kurz unterbrochen. Diese Pause oder Raum-Aussparung läßt zugleich den Abstand zwischen den Gedanken erkennen, denn Worte sind ja letzten Endes nichts anderes als fest umrissene gedankliche Begriffe. Je größer also die Wortabstände sind, um so deutlicher hebt sich der eine Gedanke vom anderen ab. Von dieser grundlegenden Tatsache muß man bei der Deutung ausgehen.
Dieses leicht zu bestimmende, weil meßbare, Merkmal verweist auf die Gliederung der geistigen und seelischen Abläufe.
Wir sprechen von einem ausgewogenen, normalen Wortabstand, wenn die Breite eines Buchstabens zwischen zwei Wörtern ausgespart bleibt. (Bei der Maschinenschrift schreiben wir auch mit diesen Wortabständen.) Ist der Raum zwischen den Wörtern größer, so sprechen wir von einem großen, ist er kleiner, von einem geringen Wortabstand (Schriftproben 29–30).
Großer Wortabstand deutet bei günstigem Formniveau auf Klarheit und Ordnung des seelischen Geschehens hin. Solche Klarheit und Ordnung entsteht, wenn der Mensch Abstand von den Ereignissen gewinnt, wenn er sich von dem

**29**
Weiter
Wortabstand

Geschehen nicht mitreißen läßt, sondern sich von ihm distanziert. Diese Distanz kann in bewußter Zügelung und Selbstkontrolle zustande kommen. Sie kann aber auch ihre Grundlage in einer geringen gefühlsmäßigen Ansprechbarkeit haben, die verhindert, daß der Mensch sich stärker an Aufgaben und Dinge hingibt. Bei schwachem Formniveau entspricht das einer inneren Leere des Menschen bzw. gewollter oder ungewollter Isolierung. Diese Leere und Isolierung können sich in einer verträumten und in sich versponnenen, aber ebenso auch in einer angespannten Abseitsstellung dokumentieren. Ob das eine oder andere zutrifft, hängt von der seelischen Fülle des Schreibers ab.

Geringer Wortabstand verrät, daß der Schreiber sich seelisch stark an Vorgängen und Ereignissen beteiligt, daß er

---

**Wortabstand als Ausdruck der Gliederung geistiger und seelischer Prozesse**

Die Deutung weist auf die Gliederung der geistigen und seelischen Prozesse und Abläufe hin. Sie bewegt sich zwischen den Polen von klaren oder unklaren geistigen bzw. seelischen Beziehungen.

1. Groß  + Klarheit, Ordnung, theoretische Durchdringung von Aufgaben und Vorgängen, Selbstbesinnung, Distanz (Abstand zu Dingen und Menschen)
   — verträumt, versponnen, Vereinsamung, innere Leere
2. Gering  + schnelles Eindringen in Vorgänge, Kontaktbedürfnis, ganzheitlich-unmittelbares Erleben, Unmittelbarkeit, direkter Bezug zur Praxis
   — ungegliedertes Innenleben, oberflächlich, betriebsam, distanzlos (ohne Abstand und Ehrfurcht).

---

schnell in Geschehnisse eindringt und sie unmittelbar-ganzheitlich, also mit ganzer seelischer Beteiligung, erlebt. Verriet der große Wortabstand Zügelung und Selbstkontrolle, so zeigt sich hier, daß dem Erleben eine übersichtliche Ordnung fehlt. Um so größer sind die unmittelbare Kraft und Stärke des Erlebens. Auch die Deutung des geringen Wortabstandes hängt weitgehend vom Formniveau ab. So weist geringer Abstand bei gutem Formniveau auf die echte Bereitschaft hin, sich für eine Sache einzusetzen und seine Aktivität zu entfalten. Bei geringem Niveau hingegen entartet das schnelle und unmittelbare Eindringen in einen ganzheitlich erlebten Zusammenhang zur Oberflächlichkeit. Wie bei dem großen Wortabstand müssen wir also auch hier in erster Linie fragen, wie stark die Neigung zu Gliederung und Ordnung ausgeprägt ist. Was diese Neigung letztlich bedeutet, wird erst durch die anderen Schriftmerkmale deutlich.

1. Zu weite Wortabstände

**Sondermerkmale des Wortabstands**

1. Zu weite Wortabstände
   Gestörter Ablauf der seelischen und geistigen Vorgänge. Beziehungsschwäche im Denken und im Erleben.
2. Zu enge Wortabstände
   Ruhelosigkeit, Betriebsamkeit, Abhängigkeit von Dingen und Menschen, Sichverlieren an äußere Eindrücke, Mangel an Abstand von sich selbst. Unkontrolliertes Handeln, unklares, unmittelbares Denken
3. Weite Wortabstände bei engen Zeilen
   Äußerer Kontakt bei innerer Isolierung
4. Enge Wortabstände bei weiten Zeilen
   Unselbständig, ohne die Fähigkeit der Kontaktfindung. Passives Sichverlieren.

**Zeilenabstand**

Die Zeilenabstände sind ebenfalls ein Merkmal der Schriftgliederung und gehören zum Raumbild. Im Raumbild zeigt sich, wie bereits gesagt, die Auseinandersetzung des Schreibers mit dem Raum, das heißt aufs Seelische übertragen: die Auseinandersetzung des Menschen mit seiner Umwelt. Die sehr elementaren seelischen Kräfte, die bei dieser Konfrontierung auftreten können, werden vom Leitbild des Menschen überformt und gerichtet. Die Gestaltung und

Gliederung des Schreibraumes deutet also auch darauf hin, was der Mensch sein möchte und wie er seine Umweltbeziehungen zu gestalten beabsichtigt. Je nachdem, welche Form das graphische Merkmal zeigt, je nachdem, wie groß also der Zeilenabstand ist, können wir somit in diesem Fall auf eine besondere Art der Umweltbeziehungen schließen. Es gilt also, zunächst einmal zwischen weitem und engem Zeilenabstand zu unterscheiden: Der Abstand der Zeilen voneinander kann das Vielfache der Schriftgröße betragen. Oft ist er aber auch so gering, daß die Langlängen (besonders lange Ober- und Unterlängen) in die vorherige und nachfolgende Zeile eingreifen (Schriftproben 31–32):

**31**
Weiter
Zeilenabstand

**32**
Enger (verhäkelter)
Zeilenabstand

Schon der erste, grobe Eindruck läßt beim ersten Beispiel Abstand und (eine reichlich versteifte) Form erwarten, beim zweiten Mangel an Abstand, Mangel an Beherrschung und Mangel an Selbstkontrolle.

Weiter Zeilenabstand weist also auf Respektierung fremder Lebensbereiche und auf Wahrung des eigenen Lebensraumes hin. Gefühl für Distanz, bewußte und gesteuerte Umweltbeziehungen lassen sich daraus ablesen. Sie führen im positiven Fall, auf der Grundlage einer breiten seelischen Substanz zur Situationsüberlegenheit in den Umweltbeziehungen. Im negativen Fall verrät dieses Merkmal hingegen Absonderung und Vereinzelung, ein mehr oder weniger originales Einzelgängertum.

Enger Zeilenabstand bedeutet in positiver Sicht starkes Eindringen in die Umwelt, erschöpfendes Sichengagieren, unmittelbares Verarbeiten der Beziehungserlebnisse und

Die Deutung weist auf den unmittelbaren Umweltkontakt hin. Sie liegt zwischen den beiden Polen von Kontakt und Distanz.

1. Weit  +  innerer Abstand, Distanz, Respekt vor natürlichen Grenzen und dem Lebensbereich des Mitmenschen, klar bewußte und gesteuerte Umweltbeziehungen

   — Absonderung, Einzelgängertum, kühle Umweltbeziehungen

2. Eng  +  starker Kontakt, starke Beschäftigung mit der Umwelt, Unmittelbarkeit, produktive Interessen

   — Neigung, gesetzte Grenzen zu überschreiten, Distanzlosigkeit (Mangel an Abstand von den Dingen).

echtes produktives Interesse am Mitmenschen und seinem Leben. Negativ gesehen führt diese Haltung zur Distanzlosigkeit, zum unberechtigten Eingriff in den Bereich des Partners, zum Sicheinmischen in private und intime Bereiche.

Dieses Schriftmerkmal zeigt also in beiden Fällen, in welchem Maß und in welcher Form der Schreiber sich in die menschliche und gesellschaftliche Umwelt einordnet bzw. bis zu welchem Grad ihm diese Einordnung gelingt.

1. Übermäßig weite Zeilenabstände
   Unfähigkeit zum Kontakt mit der Umwelt, Einzelgängertum bis zur eigenen Isolierung und zum Fanatismus (wenn andere Merkmale in dieselbe Richtung weisen)
2. Verhäkelte Zeilen
   Unklare Beziehungen, Unselbständigkeit, distanzloses Sichanhängen, kontaktabhängig, Mangel an Selbständigkeit und an persönlichen Konturen

Der Begriff Zeilenführung umfaßt die Richtung und die Form des Zeilenbandes, wie sie sich ergeben, wenn der Schreiber ohne die »Raumhilfe« einer Linie schreibt. Die

59

Schule verlangt geradegeschriebene Zeilen, aber nur selten finden wir in der Schrift Erwachsener gradlinige Zeilenbänder. Ist es doch einmal der Fall, so müssen wir uns die Frage stellen, ob nicht ein Linienblatt benutzt wurde. Da diese Frage nicht anhand des Schriftbildes entschieden werden kann, ist bei der Deutung gerader Zeilen Vorsicht zu empfehlen! – Von der geraden Zeile unterscheiden sich

**Zeilenführung als Ausdruck von Stimmung und Lebensgefühl**

Die Deutung weist auf die Stimmung und das Lebensgefühl hin, das verbunden ist mit einem Einfluß der Willenshaltung. Sie bewegt sich zwischen den Polen einer ausgeglichenen oder schwankenden Stimmungslage.

1. Steigend
   + gehobene Stimmung, Optimismus, schwingende Bewegtheit
   – Leichtsinn, unnatürlich gesteigertes Erleben, Selbstüberschätzung

2. Fallend
   + Skepsis, kritische Einstellung, Melancholie, Schwernehmen
   – Sichgehenlassen, gedrückte Stimmung, Lebensangst

3. Gerade
   + Gleichmut, Selbstdisziplin, Beständigkeit, Zielsicherheit
   – Mangel an Ansprechbarkeit, unbewegtes Verharren, starres Festhalten an der Konvention

4. Dachziegelartig steigend
   + Optimismus mit gleichzeitiger Zügelung
   – optimistischer Anlauf mit gleichzeitigem schnellen Nachlassen (Strohfeuer)

5. Dachziegelartig fallend
   + Ankämpfen gegen Stimmungen, Tendenz zur Selbstbeherrschung
   – mühsames, aber wenig erfolgreiches Sichaufraffen

6. Flach gewölbt
   + Lebhaftigkeit und Eifer, die nicht ganz durchgehalten werden
   – schnell versiegendes Aufflackern von Eifer und Energie

7. Flach gehöhlt
   + allmähliches Erwärmen in der Stimmung
   – schwerfälliges Sichaufraffen

die gestaffelten Zeilen; sie sind dachziegelartig steigend oder fallend angeordnet. Bogige Zeilen sind gehöhlt, gewölbt und wellenförmig (Schriftproben 33–39). – Bei der Deutung der Zeilenführung verwendet man am besten ein Lineal. Legen wir es an die Zeilen, fällt sofort jede Abweichung der Schrift von der geraden Linie auf, während man sich ohne dieses Hilfsmittel nur zu leicht täuscht. (In unseren Schriftbeispielen sind die Zeilenlinien nachträglich eingetragen.) Ebenfalls beachten müssen wir bei der Deutung dieses Merkmales, ob die Zeilen schräg ansteigend oder fallend verlaufen, denn im Steigen und Fallen drückt sich ein bestimmter seelischer Gehalt aus. Der Grad schrägen Verlaufes wird oft durch die Lage des Schreibpapiers mitbestimmt. Die Auseinandersetzung mit dem Raum geht aber stets unter optischer und verstandesmäßiger Kontrolle vor sich. So wird der Schreiber das Schreibpapier niemals schräg legen, wenn er nicht eine bestimmte Zeilenführung bewußt oder unbewußt bejaht. Da andererseits ins Raumbild auch elementare Bewegungsimpulse mit eingehen, liegen genügend Grundlagen für die Deutung vor. Dennoch müssen wir zur Kontrolle unserer Deutung auch andere Merkmale heranziehen und überprüfen.

Vor allem sollte immer wieder die Frage gestellt werden, ob die aus der ansteigenden oder absteigenden Zeile abgeleiteten Deutungen zu den übrigen Erkenntnissen über die Persönlichkeit passen. (Sehr leicht läßt sich der Grad der Zeilensteigung festhalten, wenn wir ein Winkellineal an die Papierkante anlegen. In diesem Falle wird unmittelbar sichtbar, welche Tendenz die Zeilen aufweisen.)

Die Einzelheiten der Deutung ergeben sich aus der Übersichtstabelle.

Die steigende Zeile weist – vom Bewegungsbild her gesehen – auf eine gleichmäßige und beharrliche Erregungs-

**33**
Steigende Zeile

spannung hin. Raumsymbolisch kennzeichnet der Zug nach oben eine gehobene, optimistisch angeregte Stimmung. In positiver Sicht können wir also einen unmittelbaren seelischen Schwung erwarten, im negativen Sinn dagegen den Leichtsinn undurchdachter Selbstüberschätzung. Im Extremfall verrät das Merkmal ein manisches oder cholerisches Erleben, das den Schreiber für kürzere oder längere Zeit hochreißt. Auch im Leitbild solcher Schreiber werden hochgesteckte Ziele sichtbar, die je nach der Lebensfülle und der geistigen Ebene berechtigt oder auch unberechtigt sein können.

Die fallende Zeile zeigt ein Sichgehenlassen oder Sichfallenlassen des Schreibers. Es fehlt der optimistische Auftrieb.

## 34
**Fallende Zeile**

Diese mehr »niedergedrückte Stimmung« oder Skepsis kann ihren Grund in mangelnder Lebenskraft haben, sie kann aber auch in persönlichen Überzeugungen und Erfahrungen begründet sein.

Die gerade Zeile liegt in der Deutung zwischen diesen beiden Zeilenrichtungen. Sie weist in positivem Sinn auf eine Neigung zum Ausgleich hin und auf willensbestimmte Beherrschung der Stimmungen. Ebenso können wir beim Schreiber eine natürliche Ausgewogenheit des Lebensge-

## 35
**Gerade Zeile**

fühls erwarten, das heißt also, eine Ausgewogenheit, die auf der inneren Kraft und Festigkeit der Persönlichkeitsstruktur beruht. Genausogut kann aber die gerade Zeile zustande kommen, weil ein Mangel an Ansprechbarkeit vorliegt, weil der Mensch stumpf im Erleben ist und ihn deshalb stimmungsmäßig nichts von Innen her bewegt. Diese negative Grundhaltung schließt oft unselbständiges Sichklammern an die Vorschrift ein. Im Extremfall können also auch Kleinlichkeit und Pedanterie – die psychologisch gesehen immer Ausdrucksformen des Sicherungsbedürfnisses bedeuten – zur geraden Zeile führen.

Die dachziegelartig steigende Zeile muß von der Steigung her gedeutet werden, das heißt als Steigung, die zwar nicht durchgehalten, aber immer wieder von neuem begonnen wird. Der Optimismus der steigenden Zeile wird also nach kurzem Anlauf unterbrochen, er setzt sich jedoch sofort

**36**
Dachziegelartig
steigende Zeile

wieder von neuem durch. Das deutet darauf hin, daß ein schwungvoller Impuls entweder willensmäßig gezügelt wird oder daß er schnell in sich erlahmt, daß er »kurzatmig« ist. Im letzten Fall stehen nur geringe Kraft- und Durchhaltereserven zur Verfügung, während im ersten Fall genügend Kräfte wirksam sind, die aber in der Entfaltung überwacht und gebremst werden.

Die dachziegelartig fallende Zeile weist auf den entgegengesetzten Verlauf der Stimmung und des Willenseinsat-

**37**
Dachziegelartig
fallende Zeile

63

zes hin. Sie zeigt ein Beginnen in negativer, gedrückter Stimmung, gegen die der Mensch jedoch ankämpft und die er schließlich auch überwindet. Hier setzt sich also die Selbstbeherrschung gegenüber dem »Sichfallenlassen« durch, während sie bei der steigenden Zeile gegen den ausgreifenden Impuls angehen muß.

Die flach gewölbte Zeile ist in der Tendenz eindeutiger und deshalb auch leichter zu deuten. Hier zeigt sich ein Anstieg, der etwa bis zur Mitte der Zeile verläuft, dann aber langsam wieder absinkt. Dieses Schriftbild weist auf bald erschlaffende Stimmungslebendigkeit und kurzfristigen Eifer hin. Der Impuls wird hier also nicht kurzfristig an die Kandare genommen, sondern er erlahmt, weil die Reserven nicht für weitere Strecken und längere Zeit ausreichen.

**38**
Flach gewölbte Zeile

Die flach gehöhlte Zeile deutet nicht auf ein Absinken des Lebensgefühls, sondern auf eine schwerblütige Stimmungsentfaltung hin. Der Schreiber beginnt mit einem geringen Impuls und rafft sich nur langsam auf, bis er endlich mit der Zeit »in Stimmung kommt« und eine positive Willenshaltung einnimmt.

**39**
Flach gehöhlte Zeile

Die Lebensgrundbestimmung, die zum großen Teil in dem Merkmal der Zeilenführung sichtbar wird, gehört den tieferen Schichten der Persönlichkeit an und entsteht unbewußt, auch wenn sie bewußt kontrolliert werden kann. Sie ist psychologisch gesehen ein ursprüngliches, gleichzeitig die

Die wellenförmige Zeile

Sie ist ein typisches Wechselmerkmal und weist auf eine mangelnde Eindeutigkeit in der Lebensgrundstimmung hin, auf ein Schwanken zwischen dem positiven Pol einer gehobenen und dem negativen Pol einer gedämpften Stimmung. Sensibilität, geringe innere Festigkeit können die Grundlagen sein, aber ebenso ein launenhaftes Sichgehenlassen. Im letzten Fall kann die wellenförmige Zeile ein Begleitsymptom einer im ganzen labilen Persönlichkeits-Struktur sein.

Gesamtpersönlichkeit betreffendes und damit sehr wichtiges Symptom. Deshalb muß die Zeilenführung auch als graphologisches Merkmal einer besonders ernsthaften Untersuchung und Deutung unterworfen werden.

## Schriftränder

Die Ränder der Schrift entstehen durch das Einfügen der Schrift in den Gesamtraum. Sie gehören damit als Merkmal zum Raumbild (Schriftproben 40–43). In einer ersten groben Unterscheidung erkennen wir eine raumsparende und eine raumfüllende Schriftgestaltung. Von diesen Beobachtungen muß man zweckmäßigerweise bei der Deutung ausgehen: Das Schriftbild bzw. der Schriftrand spiegelt sodann wider, in welchem Maß und in welcher Form sich der Mensch in seine Umwelt einfügt.

Graphisch und graphologisch gilt es bei diesem Merkmal zwischen einem breiten oder schmalen, nach unten breiter oder schmaler werdenden Rechts- oder Linksrand zu unterscheiden. Einige Abwandlungen der aufgezeigten Randformen können ebenso durch die Grunddeutung erfaßt werden. Die raumaussparende Gestaltung weist immer auf Ordnung, Gliederung, Abstand und kritische Durchdringung hin. Die raumfüllende Anordnung verrät Erfüllung und Durchdringung, Hingabe und Begeisterung.

Der breite Linksrand kann im positiven Sinn ein Merkmal innerer Großzügigkeit, Freizügigkeit und Weite sein, während bei gutem Formniveau der breite Rechtsrand auf Selbstbeherrschung und Formgefühl hindeutet.

Das ist leicht verständlich, wenn man bedenkt, daß ja der Linksrand als Raum vor dem Schriftbild eng mit dem »Beginnen« verknüpft ist, der Rechtsrand als Raum hinter

**Schriftränder
als Ausdruck der
Einordnung
in die Lebenssituation**

Die Deutung weist auf die Einordnung in eine vorgegebene Lebenssituation hin. Sie bewegt sich zwischen den Polen der Unbekümmertheit und Vorsicht, die noch durch eine stärker aktive oder passive Neigung abgewandelt werden können.

A. *Linksrand*

  1. Breit

      + innere Weite, Freizügigkeit, Großzügigkeit
      — Großspurigkeit, Angeberei

  2. Fehlend oder schmal

      + Bescheidenheit, unmittelbarer Einsatz, innere Gebundenheit, Hingabebereitschaft
      — Naivität, Festhalten am Kleinen, Sparsamkeit

  3. Nach unten breiter werdend

      + Begeisterung, Freigiebigkeit
      — Verschwendungssucht, Mangel an Beherrschung

  4. Nach unten schmaler werdend

      + zunehmende Beherrschung, Besonnenheit, Wirtschaftlichkeit
      — zunehmende Bedenken, Mißtrauen, Sparsamkeit

B. *Rechtsrand*

  1. Breit

      + Eigenständigkeit, Freiheitsliebe, Geschmack, Formgefühl, Selbstbeherrschung
      — Mangel an Durchsetzungsvermögen, Vorsicht, Sicherungsabsichten

  2. Fehlend oder schmal

      + Hingabebereitschaft, Umweltkontakt
      — Umweltabhängigkeit, Selbstaufgabe

  3. Nach unten breiter werdend

      + eigenwillig, Abstandsbetonung, Individualismus
      — Zurückweichen vor dem Ziel, Ängstlichkeit, Lebensangst

  4. Nach unten schmaler werdend

      + Sichhingeben
      — Sichverlieren

dem Schriftbild sich hingegen stark auf das »Beenden« wie auf das »Abbremsen« bezieht. Dementsprechend weisen die Merkmale des Linksrandes mehr auf die Grundvoraussetzung hin, die den Impuls zur Einpassung in die Umwelt gibt, die Merkmale des Rechtsrandes mehr auf die Formung und Zügelung der eigenen Impulse. Im Linksrand wird also je nach der Breite der unbekümmerte oder der an die Pflicht und Aufgabe gebundene Einsatz menschlicher Entfaltung sichtbar, während im Rechtsrand die Zügelung der Zuwendung oder die Hingabebereitschaft an die Umwelt deutlich wird. Im negativen Fall wird aus der Großzügigkeit Großspurigkeit, aus der Freizügigkeit Lässigkeit, aus der Selbstbeherrschung Vorsicht, aus der Bescheidenheit Geiz, aus der Hingabebereitschaft Kleinlichkeit und Naivität, aus dem Umweltkontakt Umweltabhängigkeit. Es ist immer zweckmäßig, von der aufgezeigten Grundbedeutung dieser raumsparenden oder raumfüllenden Merkmale auszugehen. Nur aus einer konsequenten Ableitung ergeben sich sodann auch die Abwandlungen.

Der nach unten breiter werdende Linksrand bedeutet bei einem guten Formniveau meist eine Zunahme der Begeiste-

**42**
Schmaler
Linksrand

*in der Annahme, d
von Ihnen geforderte
bestätigt finden in.*

**43**
Schmaler
Rechtsrand

*s würde ich als Vertriebskauf-
teilung einer Tochtergesell-
ngestellt. Zu meinem Arbeits-*

rung und Freigiebigkeit, der nach unten schmaler werdende Linksrand dagegen eine zunehmende Beherrschung und Besonnenheit.

Der nach unten breiter werdende Rechtsrand verrät eine stärkere Betonung des Abstandes, negativ vielfach ein Zurückweichen vor dem Ziel. Wird der Rechtsrand nach unten schmaler, zeigt er ein zunehmendes Sichhingeben oder Sichverlieren an die Eindrücke oder Einflüsse der Umwelt.

Alle bisher gegebenen Hinweise für die Deutung müssen noch mit anderen Erkenntnissen kombiniert werden. Es ist zum Beispiel wichtig, ob in der Gesamtentfaltung eine mehr aktive oder eine mehr passive Neigung vorliegt. Eine Freizügigkeit mit aktiver Neigung kann zur Unbekümmertheit werden und gegebenenfalls im Leichtsinn enden. Eine Freizügigkeit mit passiver Neigung führt eventuell zur Gleichgültigkeit, sie erschöpft sich aber ebenso häufig in Angeberei und Prahlerei. Aktive Hingabebereitschaft entspricht auch hier wieder weitgehend der Bereitschaft zum Mitmachen. Hingabebereitschaft in passiver Ausprägung bedeutet dagegen Beeinflußbarkeit und Nachgiebigkeit. Gerade dieses Beispiel zeigt sehr deutlich, daß letztlich jedes Merkmal mit anderen Merkmalen verglichen und auf Übereinstimmung und ähnliche Aussage überprüft werden muß. Bei dieser Kombinationsuntersuchung gilt es aller-

1. Zuerst breiter und dann wieder schmaler werdender Linksrand
   Zunehmende Begeisterung, die nach einiger Zeit wieder unter die Kontrolle der Selbstbeherrschung gerät. Bei geringerem Formniveau: anfängliches Sichgehenlassen, demgegenüber später zunehmende Bedenken auftreten.

2. Anfangs schmaler, dann breiter werdender Linksrand
   Zunehmende Beherrschung und Besonnenheit, die allmählich wieder aufgegeben wird. Oder negativ gesehen: zunehmendes Mißtrauen, das allmählich überwunden wird.

3. Anfangs breiter, dann wieder schmaler werdender Rechtsrand
   Zunehmender Impuls zur Eigenwilligkeit, der sich in eine Bereitschaft zur Hingabe auflöst.

4. Anfangs schmaler werdender, dann breiter werdender Rechtsrand
   Zunehmende Hingabe, die allmählich in einem Zurückweichen vor dem Ziel endet.
   In allen diesen Fällen der Besonderheiten sehen wir graphisch eine gehöhlte oder eine gebogene Randführung. Sie kann sich kurzwellig wiederholen. Damit gelangen wir zur letzten Besonderheit.

5. Wellige Randführung
   Unsicher schwankende Umweltbeziehungen, die je nach den äußeren Eindrücken wechseln.

6. Zusammengedrängte Buchstaben am Rechtsrand
   Starker persönlicher Einsatz bei gleichzeitigem Auf-der-Stelle-Treten.

dings, die verschiedenen Ebenen, die für die einzelnen Merkmale charakteristisch sind, zu berücksichtigen. Die Ränder des Schriftbildes geben, strenggenommen, nur eine Grundtendenz an, die das Verhältnis zur Umwelt charakterisiert.

Die Schriftränder sind als graphologisches Symptom von großer Bedeutung; denn sie weisen auf die besonders wichtige sozialpsychologische Beziehung des Menschen zu seiner Umwelt hin und geben uns somit weitgehend Aufschluß über die Grundeinstellung des Menschen zum Leben, seinen Möglichkeiten und Aufgaben.

**Anfangs- und Endbetonung**

Ein typisches Merkmal einer jeden Schrift ist, daß sowohl der erste als auch der letzte Buchstabe eines Wortes verschieden stark betont bzw. ausgestaltet sein kann (Schriftproben 44–47). Dieses Merkmal bezeichnet der Graphologe mit dem Begriff Anfangs- bzw. Endbetonung. Besonderes Gewicht erhält die Ausgestaltung, wenn sie den ersten oder letzten Buchstaben einer Schriftzeile betrifft. Auch bei der Deutung der Anfangs- und Endbetonung muß man von der Gestaltung des Raumbildes ausgehen: Die Anfangsbetonung weist darauf hin, in welcher Art und Weise sich der Mensch in den Lebensraum stellt und wie er diese Stellung selbst erlebt. Es erfolgt also eine Aussage über das Selbstgefühl des Menschen. In der Endbetonung zeigt sich bis zu einem gewissen Grad, wie der Schreiber sich zur Umwelt einstellt und wie er diese im Sinne des Leitbildes sieht. Wir erhalten hier also Aufschluß über den Grad des Sichdurchsetzens oder der Anpassung.

Um die Verhaltensformen richtig einschätzen zu können und zu einer sicheren Deutung zu gelangen, sollten wir auch hier zunächst aus psychologischer Sicht nach den Ursachen der aufgezeigten Symptome fragen, im Falle der Anfangsbetonung also nach Wesen und Entstehen der Selbsteinschätzung. Wir sehen dann, daß der Mensch sein Wesen durchaus nicht immer naiv und unbesonnen »auslebt«. Er nimmt auch zu sich selbst Stellung und formt schließlich ein Bild von sich selbst. Dieses Bild setzt er in Beziehung zu den Dingen und Vorgängen, die er in der Umwelt erlebt, wie

---

**Anfangsbetonung als Ausdruck des Selbstgefühls**

Die Deutung weist auf die Entfaltung des Selbstgefühls hin. Sie bewegt sich zwischen den beiden Polen der Selbstdarstellung und Selbstbescheidung.

1. Betont     + Stolz, Selbstbewußtsein, Überlegenheitsgefühl, Selbstwertbetonung, sicheres Auftreten

                — Dünkel, Geltungssucht, Eitelkeit, Anmaßung

2. Unterbetont   + Bescheidenheit, Selbstlosigkeit, Anspruchslosigkeit, Pflichtbewußtsein, legt keinen Wert auf Geltung

                — Unsicherheit, Kleinmut, Mangel an Selbstvertrauen

auch zu seinem eigenen Urteil über die Umwelt. Ob eine positive oder eine negative Deutung des Auftretens gegenüber der Umwelt in Frage kommt, hängt weitgehend vom persönlichen Format des Schreibers ab und kann nur mit Hilfe anderer Schriftmerkmale (siehe Seite 58) und psychologischer Erkenntnisse sicher beantwortet werden.

Betonte Anfangszeichen weisen im positiven Sinn auf ein stolzes Selbstbewußtsein hin. Sie zeigen aber auch, daß der Betreffende Wert darauf legt, diese Haltung nach außen erkennen zu lassen. Das gehobene Selbstwertgefühl schließt also auch die Neigung zu sichtbarer Selbstwertbetonung ein.

In negativer Sicht bedeutet das Dünkel, Eitelkeit, Geltungssucht und Anmaßung. Solche Neigungen entstehen immer dann, wenn dem Selbstgefühl die entsprechende menschliche und seelische Größe fehlt.

**44**
**Betonte Anfangszüge**

Unterbetonte, wenig gestaltete Anfangszeichen deuten auf Bescheidenheit hin, auf Selbstlosigkeit und auf die Neigung, nicht hervorzutreten, sondern sich ohne Ansprüche in die Umweltgegebenheiten einzufügen. Ob dieser Haltung – vor allem der Anspruchslosigkeit – geringe Antriebskräfte zugrunde liegen oder ob sie einem Pflichtbewußtsein entspringt, das von dem Gefühl ethischer Verpflichtungen gesteuert wird, läßt sich nur mit Hilfe anderer Schriftmerkmale (siehe Seite 58) feststellen. Die Unterbetonung kann im negativen Fall auch auf Kleinmut, Mangel an Selbstvertrauen und auf Unsicherheit hinweisen. Der Grund ist dann in einer ursprünglichen Schwäche der Persönlichkeit zu sehen oder in der Tatsache, daß der Schreiber in seinem Leben Erfahrungen machte, die zu einer Dämpfung des Lebensgefühls geführt haben.

Die Endbetonung der Schrift gibt ebenfalls Hinweise auf das Verhalten zur Umwelt, Hinweise allerdings, die nicht

*[Handschriftprobe]*

das allgemeine Verhalten, sondern ganz spezielle Formen des Einwirkens auf die Umwelt betreffen.

Betonte Endbuchstaben weisen in die Richtung eines verstärkten Ausgriffs und verraten des Schreibers Neigung, sich durchzusetzen. Die Betonung deutet dementsprechend auf einen gewissen Ehrgeiz und die Bereitschaft zu festem Zupacken hin. Im negativen Sinn haben wir mit Angriffslust, fanatischem Durchsetzungsdrang und Rechthaberei zu rechnen.

Ob der eine oder andere Deutungsweg zutrifft, hängt von der Bindung des Schreibers an überpersönliche Aufgaben und Pflichten ab.

Wer sich an eine Ordnung gebunden fühlt, wird auch im Durchsetzungsbemühen noch die Form zu wahren wissen. Wer auf niedriger geistiger Ebene steht und eine verpflichtende Bindung nicht spürt, wird in der eigennützigen Angriffslust oder in der kleinlichen Rechthaberei steckenbleiben.

Unterbetonte Endzüge verraten eine gewisse Zurückhaltung, die entweder innerer Bescheidenheit entspringt oder

| **Sondermerkmale der Anfangsbetonung** | | |
|---|---|---|
| 1. Anstrich lang: (straffer Strich) | Eifer, Strebsamkeit, Bereitschaft zu starkem persönlichen Einsatz |
| 2. Anstrich lang: (schlaffer Strich) | schweres Ingangkommen, umständlich, längere Anlaufzeit |
| 3. Steigende Formen in der Oberzone | »Höher-Hinauswollen«, Ehrgeiz, Geltungsanspruch |
| 4. Verschnörkelte Bereicherung | Selbstdarstellung, Selbstgefälligkeit |
| 5. Verkümmerte Formen | Selbstunsicherheit, Lebensangst |
| 6. Häkchenförmiger Anstrich | Egoismus, geringe Bereitschaft, sich in den anderen hineinzuversetzen |

Die Deutung zeigt die unmittelbare Einwirkung auf die Umwelt. Sie bewegt sich zwischen den beiden Polen aktiver Durchsetzungsbemühungen und passiver Zurückhaltung.

1. Betont      + Ausgriff, Durchsetzungsbemühen, Ehrgeiz, festes Zupacken, wenig Einfühlung

               — Angriffslust, Rechthaberei, Schärfe, Anecken

2. Unterbetont   + Versachlichung, Zurückhaltung, Bescheidenheit

               — Unsicherheit, Mangel an Zutrauen, Ängstlichkeit

durch die Bindung an sachliche Aufgaben entsteht. Im negativen Fall, also bei einem schlechten Formniveau, sind Mangel an Selbstvertrauen, innere Unsicherheit und Ängstlichkeit die Ursachen.

**46**
Betonte Endzüge

**47**
Unterbetonte Endzüge

Aus diesen Einzeldeutungen geht immer wieder hervor, daß bei jeder Einwirkung des Menschen auf die Umwelt auch das Selbstwertgefühl eine Rolle spielt. Man tut deshalb gut daran, bei der Deutung der Anfangs- und Endbetonung immer die Aussage all der anderen Schriftmerkmale zu beachten, die auf das Selbstgefühl hinweisen, zum Beispiel die Schriftgröße (siehe Seite 34). Erst aus dieser

| | | |
|---|---|---|
| 1. | Scharfe Zuspitzungen | Angriffsabsichten im Denken oder Handeln, Kritiklust, scharfe Maßnahmen |
| 2. | Keulenförmiger Endstrich | Rücksichtsloses Sich-Durchsetzen |
| 3. | Endstrich häkchenförmig | Ichbezogenes Streben, Eigensinn |
| 4. | Endstrich nach oben links zurückgenommen | Haben- und Behaltenwollen, Habsucht, Geiz |
| 5. | Endzug fehlt, Stoppzug des Anstrichs | Selbstbehauptung bei geringem Kontaktbedürfnis |
| 6. | Wechsel in den Endzügen | Unsicherheit im Verhältnis zur Umwelt |

Kombination ergeben sich wirklich brauchbare Aufschlüsse über die Art des Selbstgefühls und die besondere Form, in der sich uns dieses Selbstgefühl in der Einwirkung auf die Umwelt zu erkennen gibt.

## Formreichtum

Jede Schrift ist bis zu einem gewissen Grad »geformt«, die eine stärker, die andere weniger. Dieses Merkmal bezeichnet der Graphologe mit dem Begriff Formreichtum oder Reichhaltigkeit der Schrift. Da sich die Formgebung vor allem in der Fläche auswirkt, spricht man je nach dem Grad der Ausprägung oder Fülle von einer mageren oder vollen Schrift. In einer vollen Schrift sind alle Schleifen und Bogen gerundet, und die Schleifen umgreifen eine relativ große Fläche. Die magere Schrift dagegen zeigt eine nur geringe Flächigkeit. Die Bogen sind verkleinert, die Schleifen enger zusammengedrückt. Im Extremfall werden bei Völle die Schriftzüge zusätzlich bereichert, bei Magerkeit vereinfacht oder sogar nachlässig ausgeführt (Schriftproben 48–51).

Auch bei der Deutung dieses Merkmales und seiner Varianten geht man am besten von einem raumsymbolischen Ansatz aus, denn es liegt nahe, daß sich die Fülle des Erlebens bzw. die Weite des Erlebnisbereiches in der »Fläche-beanspruchenden« Ausgestaltung der Schrift niederschlägt – also in Form reich gestalteter oder eng begrenzter Schriftzeichen. Meist bezieht man diese Entfaltungsunterschiede vor-

Die Deutung bezieht sich auf die inhaltliche Eigenart des Erlebens und Denkens. Sie bewegt sich zwischen den beiden Polen phantasievollen und nüchternen Denkens.

1. Bereichert     + Darstellungsvermögen, Formensinn, Gestaltungskraft, Freude am Schönen und Zweckfreien

                  — Illusionismus, Phantasterei, Einbildungen, Mangel an Wirklichkeitssinn, Geltungsbedürfnis

2. Voll          + Phantasie, Anschaulichkeit, lebensvolles Denken

                  — Verharren in der Anschauung, kritiklos, bildhaftes Denken, Mangel an logischer Strenge

3. Mager        + Sachlichkeit, Nüchternheit, theoretische Durchdringung, Scharfsinn, Kritikfähigkeit

                  — Einfallsarmut, Trockenheit, Phantasielosigkeit, blasses Denken

4. Vereinfacht   + Sachlichkeit, Sinn für das Wesentliche, geistige Klarheit, präzises Denken

                  — schablonenhaft, unoriginell, zweckorientiert, Orientierung am Nützlichen

wiegend auf die Denkweise, aber wahrscheinlich erstrecken sie sich auf die ganze Breite seelischen Erlebens, das zwar vom Verstand kontrolliert werden kann, genausogut jedoch reines Erleben ohne gedankliche Überformung sein mag. So gesehen, spiegelt der Formreichtum als graphologisches Merkmal bis zu einem gewissen Grad die Beziehung zwischen seelischem Erleben und gedanklichen Vorgängen und gibt damit zugleich Aufschluß über die inhaltliche Ausgestaltung des Denkprozesses. Dementsprechend sind Phantasie und Nüchternheit die beiden Pole, wobei Phantasie eine Fülle von Bildern in der Vorstellung bedeutet, während die Nüchternheit durch das Fehlen solcher Bilder und ein verstandesmäßiges Denken gekennzeichnet ist. Je nach dem Entfaltungsniveau tritt auch hier wieder eine Verschiebung der Pole Phantasie und Nüchternheit zur positiven oder negativen Seite hin in Erscheinung. Phantasie zum Beispiel wird im positiven Sinn, getragen von einer echten Lebensfülle, zur Darstellungskraft, die alle Bilder ausgestaltet und formt. Bei schwachem Niveau hingegen gleitet die Phantasie in den Illusionismus ab, in ein Geltungsbedürfnis mit Mangel an Wirklichkeitssinn.

Die bereicherte Schrift läßt eine Bereitschaft zur Darstellung, eine unmittelbare Gestaltungskraft und Gestaltungsfreude erkennen. Negativ kann das zur Illusion und phantastischen Selbstdarstellung führen.

## 48
**Bereicherte Schrift**

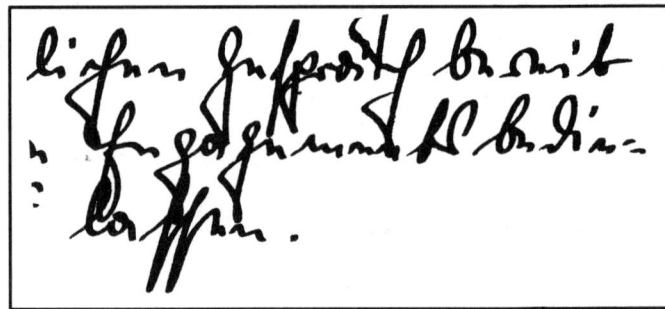

Die volle Schrift weist auf ein lebensvolles, wirklichkeitsgebundenes Denken hin. Bei geringem Niveau wird die Wirklichkeitsbindung zur Wirklichkeitsabhängigkeit.

## 49
**Volle Schrift**

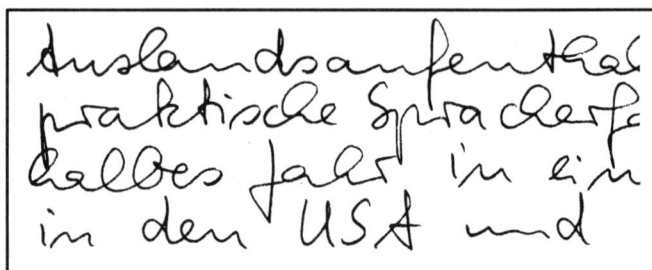

Die magere Schrift zeigt bei hohem Niveau Scharfsinn und Strenge an. Der betreffende Mensch anerkennt das, was er aufnimmt und erlebt, erst dann, wenn es der logischen Überprüfung standhält. Im negativen Fall, also bei geringem Niveau, erwächst daraus formelhaftes und einfallsarmes Denken.

Die vereinfachte Schrift verrät, daß der Schreiber zum Wesentlichen vordringt. Der Denkprozeß ist klar, zielgerichtet und stößt direkt auf den Kern der Dinge und Vorgänge zu. Menschen dieses Typs denken meist wenig anschaulich und plastisch, gelangen aber im sachlichen Bereich zu zwingenden Ergebnissen. Bei geringem Niveau entspringt dieser Grundsituation ein ausgeprägtes Zweckdenken mit der Neigung zur Primitivisierung.

| | | **Sondermerkmale im Formreichtum** |
|---|---|---|
| 1. Kurzlängen voller als die Langlängen | Die Phantasie und Gestaltungskraft wirken sich mehr im Bereich persönlichen Erlebens als im Denken aus. | |
| 2. Kurzlängen magerer als die Langlängen | Bei geringerer seelischer Lebendigkeit und Fülle ist eine anregbare Denkanschaulichkeit und eine theoretische Vorstellungsfähigkeit vorhanden. | |
| 3. Wechselnde Völle und Magerkeit | Phantasie, die ständig der Kontrolle und Zügelung unterworfen ist, sich gelegentlich aber kräftig durchsetzt. | |
| 4. Zu einem Punkt zusammenfließende Kreisbewegungen | Undurchsichtigkeit, Sich-abdecken. | |
| 5. Anflicken von Schleifen | Nervöse Selbstkontrolle. | |

## Formfestigkeit

Unter der Formfestigkeit verstehen wir die Stabilität des Formbestandes in der Schrift. Es gibt Schriften, die eine hohe Gleichmäßigkeit und Regelmäßigkeit der Formen zeigen. Andererseits sehen wir auch häufig Schriften, bei denen diese Regelmäßigkeit fehlt oder bei denen sich eine starke Formbeweglichkeit bemerkbar macht. Zwei Faktoren bestimmen gemeinsam diese unterschiedlichen Schriftbilder: der Bewegungsablauf und die Formgebung. Gelegentlich findet sich in graphologischen Lehrbüchern eine Trennung dieser beiden Merkmale. Wir fassen sie hier zusammen, weil letztlich erst ihr Zusammenwirken das ganzheitliche Merkmal der Schriftform hervorbringt. Anders ausgedrückt: Die Formfestigkeit kann zwei verschiedenen Wurzeln entspringen. Eventuell ist die Schrift fest, weil ihr ein gleichförmiger Bewegungsfluß zugrunde liegt. Das ist der Fall, wenn der Bewegungsfluß gesteuert und geregelt wird. Die Schrift kann aber auch fest sein, weil die Formgebung einheitlich ist. Hier entsteht die Formstabilität mehr aus dem Leitbild, das heißt aus der Vorstellung bestimmter Formen heraus und nicht aus dem Bewegungsablauf (Schriftproben 52–56).

Beide Merkmale weisen auf die Struktur der Persönlichkeit hin. Der Bewegungsfluß spiegelt die treibenden Kräfte, die sich, je nachdem, wie sie gesteuert werden, verschiedenartig ausprägen. Die Art der Kräfte-Steuerung aber wird mitbestimmt vom Leitbild, und dieses wiederum formt weitgehend die Persönlichkeit als Ganzes. Diesen Grund-

---

**Formfestigkeit als Ausdruck der Persönlichkeitsstruktur**

Die Deutung weist auf die Struktur der Persönlichkeit hin. Sie bewegt sich zwischen den beiden Polen der Starrheit oder Lockerheit des Persönlichkeitsaufbaus.

| | |
|---|---|
| 1. Starr | Unlebendigkeit, Mangel an Schwung, geringe Elastizität |
| 2. Fest | Festigkeit, Beharrlichkeit, Geschlossenheit, Zielsicherheit |
| 3. Weich | Anpassungsfähigkeit, innere Lebendigkeit, Elastizität, Umstellbarkeit |
| 4. Locker | Bereitschaft zum Wechsel, Beeindruckbarkeit, Beweglichkeit, geringere Beständigkeit |
| 5. Aufgelöst | Nachgiebigkeit, Beeinflußbarkeit, Unberechenbarkeit, Unstetigkeit |

---

78

Erfahrungen im Reparaturen sowie
allen Anforderungen, welche im

und Wünsche finden liess
gabe vermittelte, an der
gegebenen Möglichkeiten

unterlegen. Ich würde sehr
übernehmen, wie sie von

Jahre 1951 hatte ich mit
Einzelhandelsgeschäft, welche
würde. Zwischenzeitlich

beitragen, ausser
seitens des M.
eine Wohnung

lagen entsprechend kann die Persönlichkeits-Struktur lokker und beweglich sein oder mehr oder weniger starr. Das kommt letztlich auch in den Deutungsmerkmalen zum Ausdruck, so daß die graphologische Arbeit bei diesem Symptom von den Polen *starr* und *gelöst* bestimmt wird. Da dieses Merkmal zentraler und ganzheitlicher Persönlichkeitsstruktur zugleich Rückschlüsse auf die Beständigkeit der Lebensbewältigung zuläßt, ist es ganz besonders wertvoll für die Deutung. Aber gerade deshalb müssen wir andererseits sehr vorsichtig und sorgfältig bei der Schriftanalyse vorgehen. Das heißt, um die Symptome der Festigkeit oder Lockerheit der Form richtig zu erfassen, ist es notwendig, eine größere Zahl von Schriften auf dieses Merkmal hin zu vergleichen und andere Symptome zu Rate zu ziehen. Erst dann ergibt sich in der Übergangsreihe zwischen starr, fest, weich, locker und aufgelöst eine klare Unterscheidungsmöglichkeit.

## Bindungsform

Mit dem Begriff Bindungsform bezeichnet der Graphologe die Art und Weise, in der Grundstriche und Aufstriche miteinander verbunden werden. So kann zum Beispiel eine Bindung aus einem spitzen Winkel zwischen Aufstrich und Abstrich bestehen. Diese Form bezeichnet man als Winkelbindung. In den Schulen wird heute eine Kombination von Winkel- und Bogenbindung verlangt, eine Bindungsform also, bei der die einzelnen Buchstaben sowohl oben als auch unten Bogen oder Winkel aufweisen können.

**Winkelbindung**

**Bogenbindung**

Welche Art der Bindung nun im einzelnen in Frage kommt, hängt weitgehend von den Buchstabenformen ab. So haben wir zum Beispiel bei dem kleinen »n« am Fuße der Abstriche eine spitze Bindung, oben aber eine runde Bindung. Umgekehrt verlangt das kleine »u« oben eine spitze und unten eine runde Bindung. Die reine Winkelbindung, die oben und unten einen spitzen Ansatz hat, wird heute nicht mehr gelehrt. Sie gehört zur früheren deutschen Schrift. – Die Erfahrung zeigt, daß die allermeisten Menschen, wenn sie das Schreiben voll beherrschen, sich von der normalen Schulschrift lösen und zu eigenen Formen übergehen. Diese Eigengestaltung schlägt sich vor allem in den Bindungsformen deutlich sichtbar nieder.

So unterscheiden wir außer dem Winkel und Bogen noch die Girlande und die Arkade. Während die Girlande oben

Die Deutung zeigt die menschliche Haltung in der Begegnung mit der Umwelt. Sie liegt in der Übergangsreihe: »Sichtreibenlassen« – »Sichöffnen« – »Sichbehaupten«

1. Fadenbindung  + gewandt, vielseitig, nicht festgelegt, diplomatisch, wendig, anpassungsbereit, umstellungsfähig
   — unbestimmt, leicht wechselnd, schwankend, nicht faßbar, geht den Weg des geringsten Widerstands

2. Girlande  + Mitgehen, Einfühlung, Verständnis, Hingabebereitschaft, gutwillig, Ungezwungenheit, Entgegenkommen
   — unselbständig, fügsam, lenkbar, nachgiebig, weich, beeinflußbar

3. Winkelbindung  + Festigkeit, Entschiedenheit, Eindeutigkeit, Zielsicherheit, Klarheit, unbeirrbar
   — Unnachgiebigkeit, Einseitigkeit, Nüchternheit, Unzugänglichkeit, Starrsinn

4. Arkade  + Abstand, Formgefühl, Selbstbeherrschung, Zurückhaltung, Betonung der Konvention, Diskretion
   — verschlossen, verdeckt, unecht, starre Form, Fassade, Formalismus

spitze, unten runde Bindung zeigt, weist die Arkade oben einen Bogen, unten Winkel auf. Beide Formen werden, wie gesagt, auch dort gebraucht, wo sie von der Schulschrift nicht vorgeschrieben sind. Häufig kommt es auch zu einem Doppelbogen, nämlich, wenn oben und unten eine runde Bindung vorliegt. Ist die Bindung stark abgeflacht und weit auseinandergezogen, so haben wir es mit der sogenannten Fadenbindung zu tun (Schriftproben 57–60). All diese Bindungsformen kann man sowohl aus bewegungsphysiologischer Sicht als auch unter dem Aspekt des Leitbildes deuten.

**Fadenbindung**

Unter einem bewegungsphysiologischen Aspekt müssen wir die Arkade als Betonung des abwärts gerichteten Zuges werten, die Girlande als Betonung des aufwärts gehenden Zuges. Bei der Fadenbindung zeigt sich – wenn wir das Schreiben als rhythmische Hin- und Herbewegung sehen –,

| | |
|---|---|
| **57**<br>Fadenbindung | |
| **58**<br>Girlandenbindung | |
| **59**<br>Winkelbindung | |
| **60**<br>Arkadenbindung | |

daß die Umkippunkte abgeschliffen werden, wodurch der ganze Bewegungsablauf an Eckigkeit verliert und lockerer, zwangloser wird.

Unter dem Aspekt des Leitbildes wird der Winkel zum Merkmal des Festen, Entschiedenen und Harten. Die Girlande verkörpert das Fließende, Weiche, Gleitende. Die Arkade zeigt das Verdeckende, Überwölbende, Abschirmende. Immer erscheint so in der Bindungsform die Beziehung zwischen ursprünglichem Trieb, Triebüberwachung, persönlicher Entfaltung. Diese drei Faktoren beeinflussen

| | |
|---|---|
| 1. Schlaffer Faden | geringe seelische Spannkraft |
| 2. Durchgeschleifte Girlande | übertriebene Liebenswürdigkeit |
| 3. Gestützte Girlande | Affektverdrängung |
| 4. Weicher Winkel | äußere Festigkeit, die nicht durchgehalten wird |
| 5. Wechsel zwischen Winkel und Girlande | äußere Liebenswürdigkeit bei innerer Härte |
| 6. Gestützter Winkel | Versuch, etwas zu verbergen |
| 7. Durchgeschleifte Arkade | konziliante Form |
| 8. Gestützte Arkade | Vorsicht, Verschlossenheit |

auch, je nach dem Grad ihres Zusammenwirkens, das Verhältnis zur Umwelt. Auf die Einzelheiten weist die Deutungstabelle (Seite 81) hin.

## Verbundenheitsgrad

Unter dem Verbundenheitsgrad versteht man in der Graphologie die mehr oder weniger ausgeprägte Verbindung der einzelnen Zeichen. Bei der Untersuchung dieses Merkmals müssen wir beachten, daß manche Verbindungen leichter, andere sehr viel schwerer durchzuführen sind. So lassen sich zum Beispiel die Großbuchstaben D, F, P, S und T nur sehr schwer mit den nachfolgenden Kleinbuchstaben verbinden: Wenn hier keine Verbindung erfolgt, so ist das noch nicht als Unverbundenheit zu bewerten. Es ist ferner zu beachten, daß der Verbundenheitsgrad mit der Schreibeile wächst. Schnell geschriebene Schriften pflegen verbundener zu sein als langsamer geschriebene. Vor allem gilt das für die schnell hingeworfenen Eigennotizen. In diesen Fällen kann es richtig sein, die Verbundenheit nur als Zeichen der Eile anzusehen und auf die Deutung des Verbundenheitsgrades zu verzichten.

83

Als Faustregel können wir uns merken: Eine Schrift gilt als stark verbunden, wenn im Durchschnitt mehr als 5 Buchstaben in einem Zuge aneinandergehängt wurden. Sind 3–5 Buchstaben zusammengefügt, sprechen wir von einem mittleren Verbundenheitsgrad. Wurden weniger als 3 Buchstaben verbunden, so wird die Schrift als unverbunden gewertet (Schriftproben 61–65).

| **61** Verbundene Schrift | *zelt, habe ich bereits lange Zeit Ihnen vorgesehenen Gebiet seit Ihrer Tätigkeit sichert Ihnen* |
| **62** Verbundene Schrift | *süddeutsches Unternehmen. ich mich für die Aufgabe, und Tat beistehen!* — |
| **63** Mittlerer Verbundenheits- grad | *Da die von Ihnen ver sante Tätigkeit verspüri mich zu ver ändern und* |
| **64** Unverbundene Schrift | *Unter Bezugnahme reiche ich Ihnen* |
| **65** Unverbundene Schrift | *bewerbe ich mich um die Stellung Ich bitte, die Bewerbung vertraulich* |

Die Deutung weist auf die Art des Denkens hin. Sie liegt zwischen den beiden Polen eines auf unmittelbarer Einsicht beruhenden bzw. logisch gesteuerten Gedankenablaufs.

1. Verbunden + konsequent, zielbewußt, schlußfolgernd, übersichtliche gedankliche Beziehungen

      — routinemäßiges Denken, unselbständig, anlehnungsbereit, eingefahrene Geleise

2. Unverbunden + einfallsreich, selbständig, produktiv, schlagfertig, vielseitig

      — einfallsbestimmt, sprunghaft, unlogisch, gestört, zusammenhanglos

Die Deutung dieses Merkmales geht von der Erkenntnis aus, daß die verbundene Schrift aus einer gleitenden, zusammenhängenden, die Einzelheiten in das Ganze einbeziehenden Schreibbewegung entsteht. Im entgegengesetzten Sinn gewinnen bei der unverbundenen Schrift die Einzelheiten an Bedeutung, da die Schreibbewegung oft unterbrochen wird und so zurücktritt. Was bedeutet das nun für die seelischen, vor allem gedanklichen Abläufe? Mit großer Wahrscheinlichkeit entspricht der Verbundenheitsgrad auch dem Grad der Neigung, Einzelheiten im Zusammenhang zu sehen, sie zu verknüpfen und in Beziehung zu setzen.

Die verbundene Schrift weist auf ein logisch verknüpfendes Denken hin, das konsequent fortschreitet und zu übersichtlichen Beziehungen kommen will. Das ist allerdings nur möglich, wenn eine entsprechende Substanz an Begabung vorhanden ist, das heißt auf die Schrift übertragen: wenn das Formniveau gut ist. Im anderen, negativen Fall können wir sagen, daß der Mensch sich in eingefahrenen Gleisen bewegt, daß er sich an vorgegebene Regeln und Schemata anlehnt. Mit anderen Worten: Das Merkmal weist auf ein unselbständiges, reproduktives Denken hin.

Die unverbundene Schrift zeigt die Umkehrung dieser Fakten. Das Denken gliedert sich in Einzelgedanken, die vorwiegend die Form von Einfällen und unmittelbaren Einsichten (Intuition) haben. Wenn es bei den Einfällen bleibt und der Zusammenhang zwischen den Einzelgedanken nicht hergestellt wird, kann diese Grundsituation zu einem sprunghaften, unsteten Denken führen, dem die logische Konsequenz und Überzeugungskraft fehlen. Das ist ebenso auf einer hohen geistigen Ebene möglich wie auf einer niedrigen, und der Einfall kann brillant, bestechend, fruchtbar sein, andererseits aber auch wie ein Feuerwerk, nur im Augenblick aufflammen und erlöschen. Das letztere tritt ein, wenn der Einfall nicht durch die Kraft der Logik in das Ganze eingeordnet und weiter verarbeitet wird. Bei Menschen mit nur schwach ausgebildeten Geisteskräften kann auf diese Weise ein zufallbestimmtes Denken entstehen, das, angeregt durch den momentanen Reiz, von der Einzelbeobachtung lebt und jede Zielsetzung und Grundausrichtung vermissen läßt. Wir sprechen in einem solchen Fall von unlogischem Denken – von einem Denken, in dem jeder Gedanke von einem früheren aufgehoben oder widerlegt wird, so daß letztlich kein wirklich begründetes Urteil zu erwarten ist.

Kaum ein Merkmal sagt so viel über die Denkweise aus, das heißt über die Art der gedanklichen Abläufe.

| **Sondermerkmale des Verbundenheitsgrades** | 1. Die übermäßig verbundene Schrift | Sie weist auf die flüchtige und oberflächliche Neigung hin, alles und jedes ohne Wertmaßstab in Beziehung zu setzen. |
| | 2. Die übermäßig unverbundene Schrift | Sie weist auf den unruhigen, innerlich zerrissenen, überall Probleme sehenden Denker hin. |

## Strichführung

Mit dem Begriff Strichführung bezeichnet man den besonderen Bewegungscharakter der Schrift. Dieser Schriftcharakter entsteht aus dem Ablauf der Schreibbewegung und der Art des Bewegungsrhythmus. Je nachdem, wie stark Bewegung und Rhythmus ausgeprägt sind, kann die Schrift gespannt, schwingend, schlaff oder starr sein. Weiter müssen wir beachten, ob der Schreibablauf glatt oder gestört ist, denn erst aus der Kombination dieser beiden Faktoren ergibt sich eine Deutungsmöglichkeit. Im einzelnen heißt das also: Eine Schrift kann starr sein, aber in den Einzelbewegungsmerkmalen glatt ablaufen. Genausogut mag sie starr und gestört sein, gespannt und glatt oder ge-

86

Die Deutung bezieht sich auf die Art der seelischen Entfaltung. Sie liegt zwischen den Polen eines freien und gehemmten Auslebens der elementaren Impulse.

| | | |
|---|---|---|
| 1. Glatt | + | natürlich, lebensvoll, in sich ruhend, unkompliziert |
| | — | primitiv, unbewegt, ungegliedert, stumpf, wenig beeindruckbar |
| 2. Gestört | + | sensibel, kompliziert, problematisch, leicht angreifbar, mit sich ringend, zwiespältig |
| | — | schwach, störbar, reizbar, schwankend, unsicher |
| a) Gespannt | | gerafft, zielstrebig, beherrscht, konzentriert, energisch |
| b) Schwingend | | natürlich, beweglich, anpassungsfähig, unbekümmert |
| c) Schlaff | | matt, beeinflußbar, bequem, zielunsicher |
| d) Starr | | verfestigt, steif, unelastisch, kleinlich, hart |

spannt und gestört (Schriftproben 66–71). All diese Einzelmerkmale gehören zum Bewegungsbild der Schrift. Sie sind besonders wichtig, weil sie weitgehend ohne Beteiligung des Bewußtseins entstehen und sich auch der Bewußtseinskontrolle entziehen.

Die aufgeführten Symptome der Strichführung können wir in den meisten Fällen nur mit Hilfe einer Lupe untersuchen; denn erst in der Vergrößerung erschließen sich die Feinheiten der Strichführung dem Auge. Das gilt vor allem für die beiden Merkmale der glatten oder gestörten Schriftführung.

Die Merkmale der gespannten, schwingenden, schlaffen oder starren Schriftführung hingegen sind leicht zu erkennen, wenn wir den Bewegungsablauf der vorliegenden Schrift probeweise nachvollziehen. Voraussetzung ist allerdings, daß wir bereit und fähig sind, uns ernsthaft in die vorliegende Schrift »einzufühlen«.

Die Deutung der Strichführung gibt Aufschluß über die Art der seelischen Entfaltungsform. Je nach dem Formniveau oder der Lebensfülle führt sie zu folgenden Ergebnissen:

Die glatte Strichführung kommt zustande, wenn sich aus der Lebensfülle ein ungestörter Rhythmus frei und natürlich entfaltet. Dieser Rhythmus kann den Akzent eines aktiven, lebhaften und temperamentvollen Aussichherausgehens tragen, aber ebensogut auch Merkmal einer mehr in sich ruhenden, unkomplizierten Entfaltung sein. Im negativen Fall, also bei geringem Formniveau, weist die glatte Strichführung auf ein geringes Innenleben hin und darauf, daß sich der Mensch weitgehend an die erlernten Formen anlehnt. Somit verrät das Schriftbild eine unbewegte, ungegliederte, eventuell sogar primitive Form des Erlebens und der Entfaltung.

**66**
**Glatte**
**Strichführung**

Die gestörte Strichführung weist auf Sensibilität oder Reizbarkeit hin. Das heißt: ein gestörtes Schriftbild kommt bei gutem Niveau und entsprechender Lebensfülle zustande, wenn der Schreiber empfindlich und leicht beeindruckbar ist, wenn seine Persönlichkeitsstruktur komplizierte und problematische Züge aufweist. In diesem Fall können trotz seelischer Stabilität die starken, von der Umwelt ausgehenden Eindrücke als Störungsfaktoren wirksam werden, vor allem, wenn die Lebensimpulse nicht allzu stark sind. In negativer Sicht, bei geringer Lebensfülle, zeigt die Störung des Schriftablaufs eine schwankende, reizbare, innerlich unfeste Natur an.
Zwischen den genannten Polen gibt es zahlreiche Abstufungen und Übergänge. Schon allein deshalb ist es nötig, das Merkmal der Strichführung, besonders aber den Schriftablauf nur im Zusammenhang mit anderen Erkenntnissen über die Persönlichkeit zu deuten und zu bewerten. Ebenso wichtig ist es, wie schon gesagt wurde, gleichzeitig auch den Ablaufrhythmus zu beachten. Er gibt, je nach seinem Ausprägungsgrad, Einblicke in die Art des Energieeinsatzes.
Die gespannte Strichführung weist stets auf eine zielstrebige, geraffte, konzentrierte Art der Entfaltung hin, die

ihre Grundlagen in einer stärkeren Willensanpassung hat.
Diese Zielstrebigkeit, diese Raffung kann bei glatter Strichführung einer kraft- und lebensvollen Grundhaltung entspringen, bei einem gestörten Schriftablauf hingegen mit
Komplikationen in der Persönlichkeitsstruktur zusammen-
hängen. Schließlich hängt die jeweilige Form der Entfaltung auch noch vom Formniveau, von der Fülle der Persönlichkeit ab. Das gilt, wie für alle anderen Merkmale, so
auch für den schwingenden Strich.

Die schwingende Strichführung läßt auf eine natürliche,
anpassungsfähige, in gewisser Hinsicht auch unbekümmerte Art der menschlichen Entfaltung schließen. Sie geht
im allgemeinen mit einer glatten Strichführung einher.
Störungen können zwar gelegentlich auftreten, sie sind aber
nicht typisch.
Die schlaffe Strichführung zeigt einen ausgesprochen geringen Energieeinsatz an. Matte Entfaltung, Beeinflußbarkeit, Bequemlichkeit, Zielunsicherheit sind die Merkmale,

die sich daraus zwangsläufig ergeben. Diese geringe Energie-entfaltung kann auch bei einer guten seelischen Substanz entstehen, nämlich wenn die Antriebe zu schwach sind. In diesem Fall geht die schlaffe Schrift gewöhnlich Hand in Hand mit einer glatten Strichführung. Dieses Schriftbild charakterisiert dementsprechend mehr die in sich ruhende, passive Form des Sichgebens. Bei geringer Lebensfülle ist die matte Energieentfaltung meist mit einer ungegliederten und stumpfen Erlebnisweise verknüpft. Auch dann zeigt das Merkmal noch eine glatte Strichführung. Wiederum andere Deutungsergebnisse erhalten wir, wenn die schlaffe Strichführung gestört ist. Die Formen der Energieentfal-tung weisen nun recht eindeutig einen vorwiegend passiven Zug auf.

Ein Mensch mit solcher Schrift bleibt unsicher in seiner Problematik stecken, ist empfindlich und leicht beeindruck-bar und vermag sich nicht zu einer aktiven Entfaltung auf-zuraffen. Bei einem geringen Lebens- und Form-Niveau entspricht das einer allgemeinen Lebensuntüchtigkeit, die durch Reizbarkeit und gleichzeitiges Sichgehenlassen ge-kennzeichnet ist.

| 70 Schlaffe Strichführung | |

Die starre Strichführung deutet auf innere Versteifung und Verfestigung hin und verrät, falls sie gestört ist, eine emp-findliche, meist komplizierte Persönlichkeit, die ihre ganze Energie aufwendet, um die eigene Position zu sichern. Bei glatter Strichführung zeigt dieses Merkmal dagegen eine starre Persönlichkeitsstruktur an, was im weiteren Sinn

| 71 Starre Strichführung | |

auf mangelnde Elastizität, geringe Anpassungsfähigkeit, kleinliches Versteifen, kurz, auf eine sehr unbewegliche, einseitige seelische Entfaltung hinweist.

1. Wechselnde Strichführung

Sondermerkmale der Strichführung

Dieses Merkmal entspricht immer einer Unausgeglichenheit in der persönlichen Entfaltung. Da es sich aber in diesem Fall um elementare Grundlagen der persönlichen Energieentfaltung handelt, muß man versuchen, den allgemeinen Begriff der Unausgeglichenheit noch genauer zu bestimmen. Das geschieht am besten, indem man feststellt, welche Richtung der Energieentfaltung bei den anderen entsprechenden Merkmalen betont ist. Aufgrund solcher Vergleiche kann man letztlich eine vorsichtige Deutung versuchen.

2. Unterbrochene Strichführung

Zeigen einzelne Buchstaben ein Aussetzen des Striches, so haben wir ein Störungsmerkmal vor uns, das auf eine Schwächung der vitalen Grundlagen der Persönlichkeit hindeutet.

3. Zitterschrift

Dieses Merkmal kann einfach ein Zeichen der seelischen Übermüdung sein, andererseits aber auch auf eine Beeinträchtigung der Lebensbasis hindeuten.

4. Gegen den Takt gerichtete Strichführung

Sie wird in einer mangelnden Abstimmung der Einzelbewegungen sichtbar. Diese Form kann einen ungeübten, ungelenken Schreiber verraten. Tritt das Merkmal aber bei einer ausgeschriebenen Schrift in Erscheinung, so ist die Energieentfaltung gestört. Die Ursachen dieser Störung lassen sich nur selten eindeutig ergründen. Vielfach ist versucht worden, die einzelnen Bewegungsstörungen, wie sie sich in der Strichführung zeigen, im Zusammenhang mit körperlichen Erkrankungen auszudeuten. Alle diese Deutungen bleiben aber außerordentlich problematisch, und es muß dringend davor gewarnt werden, hier Deutungen anzuschließen, die eigentlich dem Arzt überlassen werden sollten. Das heißt, wir tun gut daran, uns auf die Feststellung einer seelischen oder auch körperlichen Störung zu beschränken und die Klärung der Ursachen dem Arzt zu überlassen.

Wir sehen, daß die Formen der Strichführung als Merkmale des Bewegungsablaufs eine außerordentlich große Zahl von Variationen und Deutungsweisen einschließen. Das verpflichtet zu einer besonders gründlichen Untersuchung der Strichführung. Ferner muß die Art des Schreibgeräts und des Schreibpapiers berücksichtigt werden, denn Papier und Schreibutensil beeinflussen weitgehend die Strichführung. – Zusammenfassend können wir sagen: Für die Deutung ist die Strichführung sehr aufschlußreich, weil sie viel über die elementaren Grundlagen der persönlichen Entfaltung aussagt, die in starkem Maße andere seelische Merkmale beeinflussen.

**Strichbildung**

Die Strichbildung bzw. der Grad der Strichstärke beruht auf bewegungsphysiologischen Grundlagen, gehört also zu den Bewegungsmerkmalen. Bei der Ausprägung des Striches spielt der Schreibdruck, je nachdem, ob er schwach oder stark ist, eine gewisse Rolle, obwohl auch unabhängig vom Schreibdruck der Strich scharf oder teigig ausfallen kann (Schriftproben 72–73). Das hängt zum Teil von der Art des Schreibgeräts ab – ein harter Bleistift zum Beispiel ergibt meist scharfe Striche, ein weicher dagegen teigige Schrift – und in geringem Maße desgleichen vom Papier. Die Bedeutung des Schreibgerätes sollte man jedoch nicht überbetonen, denn die Wahl des Bleistifts, Federhalters etc. geschieht ja – von einzelnen Ausnahmen abgesehen – nicht zufällig, sondern ganz bewußt. So benutzt jeder Mensch, vor allem bei einem längeren Schreiben, das Schreibgerät, das ihm am meisten liegt. Ähnliches gilt für die Schreibhaltung, für die Neigung des Federhalters, Bleistiftes usw. Eine steile Schreibhaltung führt zum scharfen, flache Haltung zum teigigen Strich.

Hierzu ist allerdings folgendes zu bemerken: Dieses Merkmal, das früher in der Graphologie – mit Recht – eine erhebliche Bedeutung hatte, ist dann kaum noch deutbar, wenn der Schreiber den Filz- oder Kugelschreiber benutzt. Der erstere läßt eine scharfe, der zweite eine teigige Schrift nicht zu. Und zum mindesten für den Kugelschreiber gilt, daß er heute so allgemein verbreitet ist, daß seine Benutzung keine persönliche Wahl eines spezifischen Schreibgerätes mehr bedeutet. Um so bedeutsamer für die Aussage ist es allerdings, wenn ein Schreiber heute mit einem ent-

Die Deutung weist auf die Grundlagen der persönlichen Entfaltung hin. Sie bewegt sich zwischen den beiden Polen seelischer Fülle und der Neigung zu strenger Form.

1. Teigig  + Lebensfreude, Triebkraft, Sinnlichkeit, Einfühlung, Sinn für das Lebendige
   − Triebhaftigkeit, Genußsucht, Sichgehenlassen, Unbeherrschtheit
2. Scharf  + Haltung, Formgefühl, Beherrschtheit, Scharfsinn, Fähigkeit zur Kritik, Sensibilität
   − trocken, nüchtern, eng, wenig ansprechbar, Empfindlichkeit

sprechenden Schreibgerät eine betont scharfe Schrift erzeugt.

Die Tabelle Strichbildung gibt uns einen Hinweis auf die Grundlagen der persönlichen Entfaltung. Diese können mehr durch die Triebkraft oder mehr durch die Form bestimmt sein. Soweit die Form maßgebend ist, sind vorwiegend geistig-intellektuelle Funktionen im Spiel. Dementsprechend erscheinen hier die Eigenschaften Scharfsinn und Fähigkeit zur Kritik auf der positiven Seite und Trockenheit, Nüchternheit, Enge auf der negativen Seite. Neben der intellektuellen Begabung werden aber gleichzeitig die Formen der Auffassung, der Wahrnehmung, der Umwelt und der Aufmerksamkeitszuwendung sichtbar. Eine nüchterne

**72**
**Teigige Schrift**

**73**
**Scharfe Schrift**

93

| | |
|---|---|
| 1. Teigige Flecken | Genußsucht, ichhaftes Sich-ausleben |
| 2. Berührungsscheu (Strich gleitet ganz schwach über das Papier hinweg) | mangelnde Entfaltungsintensität, mangelndes Selbstvertrauen, Lebensangst |
| 3. Schmierig, verkleckst | primitive Triebhaftigkeit |
| 4. Derb-massive Teigigkeit | ungeschliffen im Erleben und Sichentfalten |
| 5. Dünn und scharf | empfindlich, leicht beindruckbar, passiv, leicht verletzbar |
| 6. Kristallscharf | kühle Präzision, geistige Zucht |
| 7. Grundstrich am Wortende zugespitzt | schnell erlahmende Energie |
| 8. Grundstrich am Wortende keulenförmig verdickt | langsam sich verstärkende Energie, impulsives Zupacken |

Entfaltung bedeutet ja zum Beispiel nicht nur das Fehlen des Gefühls und das Vorherrschen eines sachlichen Verstandes. Es bedeutet weiterhin das Fehlen von geistigen Einfällen und das Sichbeschäftigen mit vorwiegend materiellen Problemen.

Die Deutung der Strichbildung geht im wesentlichen davon aus, daß Strichbildung und Druckstärke in einem gewissen Zusammenhang stehen. Da nun hinsichtlich der Druckstärke dieselben Probleme des Schreibgerätes auftreten, sind die Deutungsmöglichkeiten erheblich eingeschränkt. Wir können im großen und ganzen nur die Auffälligkeiten mit einiger Sicherheit deuten; z. B. die betonte Schärfe, die nur entstehen kann, wenn auf Kugel- und Filzschreiber verzichtet wird, also bei der alten Schreibfeder und dem harten Bleistift, oder die Sondermerkmale.

**Schreibeile**

Ein weiteres wesentliches Merkmal der Schrift- bzw. der Schreibbewegung ist das Tempo des Schreibens (Schriftproben 74–75). Bei einem Menschen, der den Schreibvorgang voll beherrscht – also eine ausgeschriebene Handschrift besitzt –, hängt das Tempo des Schreibens nicht mehr vom Schreibenkönnen ab, sondern von seiner seelischen Bewegtheit und seinem Temperament. Dementsprechend können wir von der Schreibgeschwindigkeit auf das seelische Ab-

94

lauftempo schließen. Wir müssen allerdings beachten, daß jeder Mensch sein Schreibtempo – je nach der Situation – steigern oder verlangsamen kann. Bei einem Bewerbungsschreiben zum Beispiel bemühen wir alle uns um eine gute Form – und schreiben langsamer. Handelt es sich dagegen nur darum, auf einem Notizzettel – für uns selbst – einige Gedanken festzuhalten, so schreiben wir schneller. Ob die Schreibeile auf diese Weise von der jeweiligen Situation beeinflußt wurde, läßt sich am Einzelmerkmal nicht eindeutig ablesen, und auch die vergleichsweise Untersuchung anderer Einzelmerkmale hilft uns nicht viel, wenn wir bei der Deutung nicht von der Gesamtstruktur der Persönlichkeit ausgehen. Wenn wir also die Schreibteile analysieren, so müssen wir stets die Frage stellen, ob die gefundene Aussage den Ergebnissen der gesamten Schriftdeutung entspricht oder nicht.

Das Schreibtempo als graphisches Merkmal können wir nicht messen, sondern nur »erschließen«. Wir sollten uns aber keinesfalls mit dem oberflächlichen Eindruck »die Schrift wirkt schnell oder langsam« zufriedengeben, sondern die einzelnen Symptome der Eile und Langsamkeit genau untersuchen. Diese Symptome sind folgende:

*Eilige Schrift*
Zügige Strichführung
Wachsende Langlängenschrägheit
Kürzung des Schreibweges
Strichförmige Oberzeichen
Richtungsungenaue Oberzeichen
Eher kurvige Schrift
Oft Eilefaden
Mehr Verbindungen
Eher Weite
*Langsame Schrift*
Unzügige Strichführung
Gleichbleibende Langlängenschrägheit
Keine Kürzung des Schreibweges
Vorschriftsmäßige Oberzeichen
Richtungsgenaue Oberzeichen
Eher winklige Schrift
Kein Eilefaden
Mehr Unterbrechungen
Eher Enge

**Merkmale der eiligen oder langsamen Schrift**

(nach Wittlich)

95

**74**
Schnelle Schrift

**75**
Langsame Schrift

**Aussage in bezug auf die Willensentfaltung**

Bezogen auf den Willen, weist die Schreibeile auf die Anlaufzeit oder das Ingangkommen der willentlichen Impulse hin. Eifer, Lebhaftigkeit, Unternehmungslust, Aktivität, Betriebsamkeit, Hast, Unruhe, Aufregung verrät die schnelle Schrift; Besonnenheit, Bedächtigkeit, Gründlichkeit, Beharrlichkeit, Mattigkeit, Lahmheit, Passivität, Umständlichkeit die langsame Schrift. All das sind Entfaltungsformen willentlicher Impulse und treibender Kräfte. Keine Aussage erfolgt über die Richtung, in der sich diese Kräfte entfalten, und über die Begabungen und Fähigkeiten, die ihnen als »Stoff« zur Verfügung stehen. Wir müssen uns also hüten, aus der Impulsform leichtfertig Werturteile abzuleiten. Aktivität zum Beispiel kann ebensogut auf wertvolle wie auf wertlose Ziele gerichtet sein. Oft geht sie einher mit hoher, genausooft aber auch mit geringer Intelligenz. Oder: Gründlichkeit führt – wenn das Unbedeutende wichtig genommen wird – zur Pedanterie. Konzentriert sie sich dagegen auf das Wesentliche, so entspricht sie einem tieferen Eindringen in geistige und materielle Bereiche. Auch hier spielt es natürlich wieder eine Rolle, ob sich die Kräfte auf hoher oder auf niederer geistiger Ebene entfalten.

**Aussage in bezug auf das Gefühlsleben**

Bezogen auf die Gefühle oder richtiger auf ein gefühlsmäßigen Reagierens, weist die hohe Schreibgeschwindigkeit

Die Deutung bezieht sich auf das Ablauftempo seelischen Geschehens. Sie kann entweder unter dem Aspekt der willentlichen Entfaltung, der Gefühlslebendigkeit oder der Denkvorgänge gesehen werden.

A. *Wille*

Die Deutung bewegt sich zwischen den Polen eines schnellen oder langsamen Ingangkommens der willentlichen Impulse.

1. Schnell  + Beweglichkeit, Eifer, Lebhaftigkeit, Unternehmungslust, Aktivität
— Betriebsamkeit, Hast, Unruhe, Aufregung

2. Langsam + besonnen, bedächtig, ruhig, gründlich, beharrlich, beständig
— matt, lahm, inaktiv, untätig, umständlich, auf der Stelle treten

B. *Gefühl*

Die Deutung liegt hier zwischen den Polen eines schnellen oder langsamen gefühlsmäßigen Reagierens.

1. Schnell  + lebendig, empfänglich, beeindruckbar, leichtblütig
— erregbar, beeinflußbar, wankelmütig, oberflächlich

2. Langsam + beständig, beschaulich, gelassen, schwerblütig
— unbeweglich, stumpf, dickfellig, schwerfällig

C. *Denken*

Die Deutung erfolgt zwischen den Polen eines schnellen oder langsamen Denkablaufs.

1. Schnell  + Anregbarkeit, Gewandtheit, Kombinationsfähigkeit, weitgesteckte Ziele
— Voreiligkeit, Flüchtigkeit, Bedenkenlosigkeit

2. Langsam + Gründlichkeit, Beachtung der Details, Bedachtsamkeit
— Schwerfälligkeit, Umständlichkeit, Unbeweglichkeit

*Sondermerkmale*

Die einzige Besonderheit bildet der Wechsel in der Schreibgeschwindigkeit. Er weist entweder auf eine Unbeständigkeit des Temperaments oder auf eine innere Lebendigkeit und leichte Anregbarkeit hin.

entweder auf Beweglichkeit und Leichtigkeit hin oder auf Erregbarkeit und Oberflächlichkeit. Geringes Schreibtempo zeigt Unbeweglichkeit und Stumpfheit oder Beständigkeit und Gelassenheit an. Auch hier gilt es zu beachten, daß wir nur eine formale Aussage erhalten, daß wir nur erfahren, in welcher Form die menschlichen Gefühle zum Beispiel vom Mitmenschen, vom eigenen Ich, von Idealen usw. »angesprochen« werden – wie sie reagieren. Über diese Grenzen der Aussagemöglichkeit sollte man sich in jedem Fall klar sein.

**Aussage in bezug auf das Denken**

Bezogen auf das Denken, differenziert das Merkmal Schreibeile sowohl das schnelle gedankliche Anspringen wie auch die Weiterverarbeitung. Damit hängen die Flüchtigkeit und die Gründlichkeit ebenso zusammen wie die Ausweitung der Denkobjekte oder das Auf-der-Stelle-Treten.
Es wird hier besonders deutlich, daß Schnelligkeit und Langsamkeit der Denkabläufe nicht an sich als gut oder schlecht zu bewerten sind, sondern je nach der Lebenssituation oder Aufgabe einen anderen Wertakzent erhalten.

# Schreibdruck

Dieses Schriftmerkmal entsteht in seiner graphischen Form aus dem unterschiedlichen Druck, mit dem das Schreibgerät das Schreibpapier berührt. Schreibt man zum Beispiel mit einer normalen Schreibfeder, so ergibt sich durch den wechselnden Druck ein Wechsel zwischen Haar- und Grundstrichen. Das heißt: Sobald mit stärkerem Druck geschrieben wird, spreizt sich die Feder, und die Tinte fließt breiter. Außer dem Schreibdruck spielt allerdings auch die Federhaltung eine Rolle. Wird die Feder sehr steil gehalten, so kann trotz erheblichen Schreibdrucks ein dünner Strich zustande kommen. Entgegengesetzt führt eine sehr flache Federhaltung, selbst bei geringem Schreibdruck, eventuell zu einem breiten Strich.
Auch bei einer mit Bleistift geschriebenen Schrift prägt sich der Schreibdruck im Strich aus, denn je nach der Druckstärke wird mehr oder weniger viel Farbe (Graphit) auf das Papier aufgetragen. Mit anderen Worten: Bei starkem Druck entsteht ein breiter, farbiger, bei schwachem Druck ein dünner, blasser Strich. Beeinflußt wird aber die Strichbreite auch von der Art des Bleistifts bzw. von seinem Härtegrad. So kann zum Beispiel ein sehr weicher Bleistift selbst bei geringem Schreibdruck eine sehr starke »Farbig-

keit« zur Folge haben. Der Schreibdruck läßt sich also auch hier nicht ganz eindeutig aus dem Schriftbild ablesen. Noch schwieriger, ja unmöglich wird die graphologische Erfassung des Schreibdruckes bei Schriften, die mit dem Kugelschreiber geschrieben wurden, denn in diesem Fall prägt sich der Druck so gut wie nicht in der Strichstärke aus. Eindeutig feststellen kann man nur extrem hohe Druckstärken, weil dann der Kugelschreiber das Papier regelrecht »furcht«. In diesen Fällen kann man zwar oft auf der Rückseite des Schreibpapiers erkennen, ob mit geringerem oder stärkerem Druck geschrieben wurde, weil die Buchstaben dann eine Druckspur auf der anderen Seite des Papiers hinterlassen.

Nicht mehr deutbar ist der Druck beim Filzschreiber. Es gibt zwar auch hier verschiedene Ausfertigungen des neuen Schreibgeräts, von denen einige einen etwas stärkeren Druck zulassen. Das reicht aber für eine Deutung nicht aus. Wir werden also im Falle des Filzschreibers auf die Deutung des Schreibdrucks verzichten müssen, obwohl dieses Merkmal bedeutsame Aufschlüsse zu geben vermag. Das ist vor allem das Ergebnis umfangreicher Untersuchungen mit der »Schriftwaage«.

Bedeutung des Schreibgeräts für den Schreibdruck

Dieses Gerät besitzt eine Schreibplatte – eine Schreibunterlage, die den Schreibdruck während des Schreibens ähnlich einer Waage aufzeichnet. Die Untersuchungen der Druckstärke mit Hilfe der Schriftwaage ließen schon bald charakteristische Unterschiede für verschiedene Typen erkennen. Da diese Typen auf elementaren Grundformen menschlicher Struktur beruhen, zeigte sich auch hier, daß der Schreibdruck in enger Beziehung zu den tieferen Bereichen der menschlichen Persönlichkeit steht und deshalb eine erhöhte Aussagekraft besitzt.

Der Schreibdruck weist vor allem auf die Intensität der seelischen Entfaltung hin, und zwar sowohl der Willensentfaltung wie der Gefühlsentfaltung. Das entspricht zugleich einer Aussage über die treibenden Kräfte und letztlich über die seelische Energie. Hier haben wir also ein zentrales Merkmal der Persönlichkeit vor uns, das außerordentlich vielfältig ist und in den verschiedensten Abwandlungen auftreten kann. Wir müssen bei der Deutung dementsprechend mehrere Gesichtspunkte berücksichtigen. Es sei an dieser Stelle nochmals darauf hingewiesen, daß man gelegentlich den Schreibdruck auch an den Rillen, die in das Schreibpapier eingedrückt wurden, erkennen kann (siehe ersten Hinweis bei Kugelschreiber). Diese Furchung sollte nur mit einer guten Lupe untersucht werden, denn allein in der Vergrößerung wird der Grad der »Einprägung« deutlich sichtbar. Gelegentlich kann der Schreibdruck so groß sein, daß auf der Rückseite des Schreibpapiers die Schriftstriche erhöht in Erscheinung treten. Ob und inwieweit das der Fall sein kann, hängt weitgehend von der Art des Papiers ab (Schriftproben 76–79).

Für die Deutung im einzelnen ergeben sich folgende Gesichtspunkte:

Wenn wir die Deutung des Schreibdruckes unter dem Aspekt der Willensentfaltung vornehmen, so müssen wir uns darüber klar sein, daß es sich hier nicht um ein ein-

**Schreibdruck als Ausdruck der Intensität seelischer Entfaltung**

Die Deutung bezieht sich auf die Stärke seelischer Entfaltung. Sie kann einmal unter dem Aspekt der willentlichen Energieentfaltung gesehen werden, zum anderen unter dem Aspekt der Gefühlsentfaltung.

A. *Wille*

Die Deutung liegt zwischen den Polen einer starken und schwachen Energieentfaltung.

1. Druckstark    +   kraftvoll, ausdauernd, nachdrücklich, entschlossen, zäh, durchsetzungsbemüht

                   —   hart, massiv, rücksichtslos, grob zupackend

2. Druckschwach   +   gewandt, beweglich, elastisch, anpassungsfähig

                   —   schwankend, unsicher, haltlos, ziellos, kraftlos

B. *Gefühl*

Die Deutung liegt zwischen einer tiefen oder oberflächlichen Gefühlsentfaltung.

1. Druckstark    +   Gemütstiefe, Leidenschaft, Wärme, Unmittelbarkeit, Impulsivität

                   —   affektiv, aufbrausend, explosiv, unbeherrscht

2. Druckschwach   +   feinfühlig, verletzbar, empfindungsfähig, differenziertes Gefühlserleben

                   —   schwankend, empfindsam, beeinflußbar, beeindruckbar, wenig eindeutig

schichtiges, sondern um ein vielschichtiges Geschehen handelt. Gerade das Symptom des Schreibdrucks muß deshalb möglichst im Zusammenhang mit anderen Merkmalen der Schrift gesehen werden.

Bezogen auf die Willensentfaltung entspricht eine druckstarke Schrift einer starken Energieentfaltung. So weist dieses Merkmal im positiven Sinn – bei entsprechender

**Aussagen hinsichtlich der Willensentfaltung**

**76** Druckstarke Schrift

*hoffte ich, daß ich Unterrichtung bekommen es nun noch nicht*

**77** Mittlere Druckstärke

*Leistungsfähigkeit auch in und würde mich sehr*

**78** Schwächere Druckstärke

*Bezugnehmend auf Ihre Anzeige, Ihnen ausgeschriebene Stelle, Meiner bisherigen Tätigkeit ent*

**79** Schwache Druckstärke

*zeug eine negative Beurteilung beuro höflich um baldige und dieung meiner Unterlagen. bis zu Ihrer Benachrichtigung*

Lebensfülle – auf nachdrückliche und entschlossene Tatkraft hin. Im negativen Sinn bedeutet es hingegen, daß sich der betreffende Mensch grob zupackend und rücksichtslos durchsetzt. Diese Aussage allein genügt jedoch nicht. Wir müssen zugleich auch die Antriebsstärke berücksichtigen, das heißt überprüfen, ob eine lebhafte oder langsame, mehr passive Schrift vorliegt (siehe auch Schreibeile Seite 94). Im ersten Fall, also bei starkem Schreibdruck und glattem und lebhaftem Schreibverlauf, können wir auf eine zielgerichtete Energieentfaltung schließen, während wir bei einer Kombination von druckstarker und langsamer Schrift die Fähigkeit zum Durchhalten, Widerstandskraft und Beharrlichkeit erwarten dürfen. – Im Gegensatz zu starkem Schreibdruck verrät schwacher Druck geringe Stärke des Willenseinsatzes. Auch das kann positiv und negativ gedeutet werden. Im positiven Sinn deutet geringer Schreibdruck auf gewandte, elastische Anpassung bei geringem Sichengagieren hin. Bei negativer Ausprägung ist die unsicher haltlose und schwankende Form der Entfaltung typisch. Auch hier müssen wir wieder das Temperament des Menschen bzw. seine Antriebsstärke berücksichtigen. Schwacher Druck bei schneller, natürlicher und flüssiger Schrift weist auf Beweglichkeit und Anpassungsfähigkeit hin. Druckschwäche, kombiniert mit langsamer Schrift, deutet hingegen geringes Durchhaltevermögen, Unsicherheit in der Lebensbewältigung und letztlich ein schwächliches Lebensgefühl an.

**Aussagen hinsichtlich der Gefühlsentfaltung**

Bezogen auf die Gefühlsentfaltung kann eine druckstarke Schrift Gemütstiefe, Leidenschaftlichkeit und ein nachhaltiges Sichselbstengagieren verraten, vorausgesetzt, daß eine gewisse Lebensfülle gegeben ist. Das heißt, wir können aus diesem Merkmal entnehmen, daß der Betreffende sich innerlich voll an den Lebensvorgängen beteiligt und daß hinter seinem Tun der ganze Mensch mit seinem gefühlsmäßigen und wertmäßigen Empfinden steht. Negativ, bei geringem Niveau, führt eine solche Entfaltungsform zur ungehemmten und explosiven Entladung von Gefühlsanstauungen. In beiden Fällen wird eine bejahende, einsatzbereite Lebensgrundstimmung sichtbar, die zur Stärkung und Förderung der seelischen Entfaltung beiträgt und den seelischen Erscheinungen nachhaltig Farbe verleiht. – Wieder eine andere Gefühlsbetonung zeigt die druckschwache Schrift. Sie weist im positiven Sinn auf eine feinfühligempfindliche Art des Erlebens und des Sichentfaltens hin, im negativen Sinn auf eine beeinflußbare und schwankende Erlebnisfähigkeit. Sowohl in der positiven wie in der negativen Ausprägung ist die Tiefe des Gefühls nur gering. Im ersten Fall spricht die Empfindungsfähigkeit sehr schnell, wenn auch wenig nachhaltig an. Im zweiten Fall führt diese schnelle Ansprechbarkeit zur Oberflächlichkeit gefühlsmäßigen Erlebens.

Zum Schluß sei nochmals darauf hingewiesen, daß die Deutung dieses Merkmales sehr viel Sorgfalt verlangt, vor allem aber ein sicheres Unterscheidungsvermögen zwischen Echtheit und Unechtheit der Druckgestaltung. Gerade hier geht

1. Wechselnde Druckstärke

Sie deutet auf ein Schwanken zwischen einer starken und einer schwächlichen Entfaltung hin. Dieser Wechsel kommt vor allem dann vor, wenn die Entfaltung nicht auf einem elementaren Energieüberschuß beruht, sondern in erster Linie vom Leitbild, vom Ziel angeregt ist. Bei Schwankungen des Selbstvertrauens schwankt dementsprechend auch die Stärke der Entfaltung. So kann zum Beispiel im Extremfall energisches Zupacken in schwächliche Einflußnahme umschlagen.

2. Unrhythmische Druckstellen

Dies Sondermerkmal tritt auf, wenn Buchstaben-Striche, die bei normalem rhythmischen Schriftablauf nicht mit Druckverstärkung geschrieben werden, plötzlich stärkeren Schreibdruck zeigen. Wir haben es hier vorwiegend mit explosiven Energieentladungen zu tun, die vielfach auf der Grundlage von vorherigen Triebstauungen entstehen.

3. Wortanfänge oder Wortenden stark druckbetont

Sie sind meist ein Zeichen von betonter Eigenwilligkeit, die bis zur Rechthaberei gehen kann.

Im allgemeinen gilt die Druckverstärkung eines bestimmten graphischen Merkmales immer als Zeichen für die Betonung dieses Merkmales. Das ist besonders wichtig, wenn es sich um nebensächliche Merkmale handelt. Dann bedeutet es, daß die Kraft auf Unwesentliches verlagert ist. Solche Aussagen sind natürlich für die Art der persönlichen Entfaltung von Bedeutung.

es ja um Symptome vielschichtiger seelischer Vorgänge, die nur zu leicht falsch gedeutet werden können. Die Regel muß deshalb lauten: Stets die Aussagen anderer Merkmale zum Vergleich heranziehen, in erster Linie solcher Merkmale, die das Gefühl und den Willen betreffen (siehe Seite 34, 59, 94)! Ferner muß der Schreibdruck im Zusammenhang mit dem rhythmischen Gesamtablauf der Schreibbewegung (siehe Seite 26) gesehen werden, denn nur unter dieser Voraussetzung können wir einigermaßen sicher feststellen, ob die Druckverstärkung absichtlich vorgenommen wurde oder ob sie der natürliche Ausfluß von Lebensenergie ist.

Wir haben nun die wesentlichen Einzelmerkmale der Schrift kennengelernt und wissen, aus welcher Sicht und in welcher Richtung sie gedeutet werden müssen. Damit ist aber die graphologische Deutung keineswegs erschöpfend behandelt. Erst aus der Gesamtschau und bei gleichzeitiger Beachtung aller Faktoren erhalten wir letztlich ein Bild des betreffenden Menschen. Psychologisches Verständnis, die Kenntnis der Merkmal-Bedeutung, Übung und Erfahrung sind die allgemeinen Voraussetzungen unserer Arbeit. Welche Gesichtspunkte im speziellen bei der Deutung beachtet werden müssen, soll das folgende Kapitel zeigen.

# Praxis der Schriftdeutung

Um eine Schrift wirklich deuten zu können, müssen wir einige spezielle Voraussetzungen erfüllen. Die erste besteht darin, für genügend Schriftmaterial zu sorgen. Das heißt in Zahlen ausgedrückt: Die Schriftprobe soll mindestens den Umfang einer Seite DIN-A 4 haben. Besser ist es allerdings, wenn längere Texte zur Verfügung stehen; denn oft genug stellt sich heraus, daß der Schreiber erst nach längerem Schreiben zu seinem eigentlichen Schriftbild findet. Ausnahmsweise kann man auch einmal von einer Schriftprobe ausgehen, die auf DIN-A 5-Blätter geschrieben wurde. In diesem Fall sollten aber mehrere Seiten vorliegen. Zu beachten ist auch, daß der Schreiber durch die Wahl eines DIN-A 5-Formates bereits seine Neigung zeigt, sich (auf einen kleinen Schreibraum) zu beschränken. Ist schon das DIN-A 5-Format kaum für eine graphologische Analyse geeignet, so genügt die übliche Postkarte keinesfalls für die Deutung. Sie mag zwar bei sehr markanten Schriften einige Hinweise geben, aber eine regelrechte Deutung ist nicht möglich. Die Postkarte zwingt ja durch den geringen Schriftraum zu bestimmten Schriftformen, etwa zur Enge und Kleinheit, die dann nichts mit dem Ausdruck zu tun haben, sondern allein aus Zweckmäßigkeitsgründen entstehen. Ebensowenig ist der sogenannte Schmier- oder Notizzettel für eine Deutung geeignet. Er kann als Ergänzung anderen Schriftmaterials dienen und in diesem Fall sehr wertvoll sein. Aber für eine vollständige Deutung reichen die flüchtig hingeworfenen Worte nicht aus.

Wenn man gründlicher in die Schrift eines Menschen und damit in sein persönliches Wesen eindringen will, so ist es nicht nur wichtig, umfangreichere Schriftproben zu besitzen, sondern nach Möglichkeit sollte auch Schriftmaterial aus verschiedenen Lebenszeiten vorhanden sein. Gerade der Vergleich dieser Schriften gibt oft einen Hinweis auf die

**Voraussetzungen im Schriftmaterial**

**Schriftproben verschiedener Lebensalter**

Entwicklung und stützt dementsprechend die Deutung ganz erheblich. Vor allem schützen solche Vergleiche uns davor, gewisse Einflüsse, die durch momentane Stimmungen zustande kommen, in der Deutung mit Grundmerkmalen zu verwechseln. Zwar prägen sich augenblickliche Stimmungen nicht so stark in der Schrift aus, wie der Laie allgemein annimmt, aber sie können immerhin zu Trugschlüssen führen.

**Äußere Schreibbedingungen**

Die zweite Voraussetzung ist, daß die Schrift unter normalen äußeren Bedingungen geschrieben wurde. Hand- und Armverletzungen, ungeeignetes Schreibgerät, linkshändiges Schreiben können das Schriftbild weitgehend verändern bzw. verkrampfen oder verkünsteln. Die Deutung wird dadurch nicht nur erschwert, sondern auch unsicher. Diese formverändernden Bedingungen allein aufgrund der Schrift festzustellen, ist kaum möglich. Höchstens der sehr erfahrene und routinierte Fachmann findet eine richtige Bewertung.

**Einfluß der Schreibgeräte**

Auch die Wahl der Schreibgeräte spielt eine Rolle. Am besten eignen sich Füllfederhalter und Bleistift, und es ist günstig, wenn Schriftproben von beiden Schreibgeräten zur Verfügung stehen. Weniger brauchbar sind Schriftproben, die mit dem Kugelschreiber geschrieben wurden. Der Kugelschreiber ist sehr unelastisch und gibt der Schrift einen besonderen Akzent. Vor allem die Deutung des Schreibdruckes wird durch ihn fast unmöglich gemacht. Dennoch kann auch die Kugelschreiberschrift gedeutet werden, denn der Schreibdruck ist ja, wie wir gesehen haben (Seite 98), nur eines von vielen Merkmalen. Gilt es beim Kugelschreiber zu beachten, daß wir keine exakte Aussage über den Schreibdruck erhalten, so müssen wir bei der Bleistiftschrift bedenken, daß die Formung der Schriftstriche weitgehend vom Härtegrad des benutzten Stifts abhängt. Für die Schreibfeder, deren Art dem Deuter ja ebenfalls nicht bekannt ist, trifft das gleiche zu. Bevor man an die Deutung geht, muß man sich also fragen, ob mit einer weichen oder einer harten, mit einer breiten oder spitzen Feder geschrieben wurde. Noch ungünstiger für die Deutung ist die Verwendung des Filzschreibers. Er täuscht eine teigige Schrift vor, obwohl der Strich ausschließlich vom Schreibgerät abhängig ist. Er läßt den Schreibdruck nicht erkennen. Man muß also bei der Deutung auf diese beiden Merkmale verzichten. Trotzdem ist natürlich eine Deutung solcher Schriften möglich; denn wir werden Persönlichkeitsmerkmale nie von einem Schriftmerkmal allein ableiten, sondern haben immer mehrere Merkmale, die auf dieselbe Eigenschaft hinweisen, zur Verfügung.

Der nächste wichtige Punkt ist, daß man nur ausgeschriebene Handschriften deuten kann. Erst wenn die Schrift flüssig abläuft, wird sie zum Ausdrucksfeld für die Eigenschaften des Schreibers. Natürlich wird auch in einer noch unsicher geschriebenen Schrift etwas von der Art des betreffenden Menschen sichtbar, so daß man zum Beispiel auch Kinderschriften deuten kann. Aber letztlich sind der Deutung hier doch recht enge Grenzen gesetzt. Vor allem ist zu bedenken, daß sich der Schreibungewandte immer stark an die Schreibvorlage anlehnt (siehe Seite 23). Dabei muß noch berücksichtigt werden, daß Schriften von Kindern und Jugendlichen, die noch in einem laufenden Schreibtraining stehen, leichter deutbar sind als Schriften von Erwachsenen, die nur sehr selten schreiben und über eine geringe Schreibreife verfügen.

Der Grund ist darin zu sehen, daß sich der Mensch nur auf einem ihm gewohnten Betätigungsfeld voll entfalten kann, also zum Beispiel in der Schrift. Ist aber das Schreiben für ihn eine Ausnahmebetätigung, so hat er kaum die Möglichkeit, sein Wesen in der Schrift ganz ungezwungen und ungehemmt auszudrücken. Dementsprechend kommt es bei Schriften, die nicht ausgeschrieben sind, leicht zu Fehldeutungen.

Schließlich sei noch erwähnt, daß der Mensch auch in der Lage ist, seine Schrift zu verstellen (siehe Seite 148). Deutbar ist natürlich nur die Schrift, die unverfälscht sein Wesen wiedergibt. In der verstellten Schrift versucht er aber, etwas anderes darzustellen als das, was er wirklich ist. Allerdings gibt es Merkmale, die auf die Verstellung der Schrift hinweisen (siehe Seite 149). Beachten wir sie, so besteht kaum die Gefahr einer Irreführung. Solche Merkmale zeigen jedoch nur, daß die Schrift verstellt ist. Eine reguläre Deutung ermöglichen sie selbst nicht.

Bevor wir uns an die Deutung einer Schrift heranwagen, sollten wir ferner einige Angaben zur Person des Schreibers verlangen. Denn um alle Schriftmerkmale richtig auswerten zu können, müssen wir wissen, ob die Schriftprobe von einem Mann oder von einer Frau stammt. Auch das Alter des Schreibers spielt eine Rolle. Aufschlußreich für die Deutung sind schließlich der Beruf und die Lebens-

**Einfluß der Schreibreife**

**Möglichkeiten der Verstellung**

**Angaben zur Person des Schreibers**

situation des betreffenden Menschen. Besonders die ersten beiden Angaben sind wichtig, weil es nicht mit Sicherheit möglich ist, aus der Schrift allein zu entscheiden, welchen Geschlechts und welchen Alters der Schreiber ist. Da aber jede Eigenschaft der Schrift je nach dem Geschlecht des Schreibers etwas anderes bedeutet und auch in jeder Altersphase einen anderen Akzent hat, sind die Angaben über Geschlecht und Alter unentbehrlich für die graphologische Arbeit. Mit diesen Voraussetzungen sollte man sich vor jeder Deutung beschäftigen, um im großen und ganzen den Rahmen für weitere Überlegungen abzustecken. Die unendliche Fülle menschlicher Erscheinungsformen führt ja zu einer so großen Zahl von Deutungs- und Bewertungsmöglichkeiten, daß nur ein genaues Abstecken der Grenzen exakte Deutungsergebnisse verspricht. Auf der anderen Seite wird man sich natürlich davor hüten müssen, aus solchen Angaben Vorurteile abzuleiten und die Deutung einseitig zu beeinflussen.

**Geschlecht und Alter**

## Beispiele für Deutungsansätze

Bevor wir zur Gesamtdeutung der Schrift übergehen, sollen die Arbeitsprinzipien am Beispiel einzelner Merkmale und ihrer Kombination mit anderen Symptomen dargelegt werden. Hier sei aber nochmals wiederholt, daß die Schriftdeutungstabellen allein nicht genügen, sondern daß jede Einzeldeutung im Zusammenhang mit sämtlichen anderen Schriftmerkmalen und unter Berücksichtigung des Formniveaus gesehen werden muß.

## 80
**Kleine Schrift**

Die Schriftgröße läßt sich hier leicht bestimmen, weil sie meßbar ist. Wir müssen nur bedenken, daß nicht alle Buch-

staben die gleiche Größe haben. Im großen und ganzen
können wir mit Kleinbuchstaben unter 2 mm und mit
Großbuchstaben von 8 bis 10 mm rechnen. Das ist als fast
kleine Schrift zu bestimmen. Es handelt sich im übrigen um
die Schrift eines 47jährigen selbständigen Vertreters.

Die Bestimmung des Formniveaus ist nicht besonders
schwierig, da die Schrift sehr einheitlich ist. Versuchen wir,
den Ablaufrhythmus nachzuvollziehen, so merken wir, daß
es zwar im ganzen glatt, aber wenig bewegt und etwas steif
ist, was noch durch gelegentliche Verzierungen und An-
flickungen unterstrichen wird. Der Grad der Eigenständigkeit ist gering, es liegt eine weitgehende Anlehnung an die
Konvention vor. Es werden die Buchstabenformen, ihre
Zusammensetzung zum Wortkörper und der gesamte
Schreibablauf kaum verändert, die Schrift wird nur etwas
bereichert. Wir werden also von einem nur mäßigen Formniveau auszugehen haben.
Gehen wir jetzt auf die Ausführungen zur Deutung der
Schriftgröße (Seite 34) zurück und bedenken wir, daß die
Schrift einmal als Ausdruck der Willensentfaltung, zum
andern als Ausdruck des Selbstgefühls zu interpretieren ist.
Als Ausdruck der Willenshaltung bewegt sich die Interpretation zwischen den Polen von Ausgriff und Ansichhalten. Es wäre falsch, jetzt einfach die Begriffe aus der Tabelle (S. 37) für die kleine Schrift mit mäßigem Formniveau
(jeweils unterste Zeile der Tabelle) zu übernehmen und zu-
sammenzuschreiben. Vielmehr müssen wir eine Differenzierung durch Hinzuziehen anderer Merkmale versuchen.
Wir gehen also von dem Merkmalskomplex »Passivität –
Kleinlichkeit – Sich-Festrennen – Versteifung« aus und fragen, ob das durch andere Merkmale bestätigt oder in einer
bestimmten Richtung abgewandelt wird. Dabei fällt uns
sofort das Merkmal »Längenunterschied« auf, das etwa das
Verhältnis 10 : 8 : 2 oder 5 : 4 : 1 aufweist. Das bedeutet
aber eine sehr ausgeprägte Längenunterschiedlichkeit. Ihre
Deutung müßte in Richtung eines Mißverhältnisses zwi-
schen Willen und Können gehen. Der schmaler werdende
Rechtsrand (S. 66) deutet in Richtung der Hingabe- und
Einsatzbereitschaft; das Einzelmerkmal »langer Anstrich«
(S. 72) auf Fleiß, und das Einzelmerkmal »Einrollungen«
(S. 117) deutet in Richtung des »Auf-der-Stelle-Tretens«
beim Einsatz der Energien. Wir würden bei einer anderen
Schrift noch nach der Druckstärke fragen, haben es hier aber

mit einer Kugelschreiberschrift zu tun, die keine Aussage in dieser Richtung zuläßt. Wir würden die bisherige Interpretation auch für ausreichend halten, um die Willensseite der Persönlichkeit, den Einsatz der eigenen Kräfte als fleißiges Bemühen im Rahmen der Konvention mit viel Eifer und merklicher Umständlichkeit zu kennzeichnen.

Die Frage nach dem Selbstgefühl beantwortet die zweite Tabelle für die Schriftgröße. Das Merkmalssyndrom »Ängstlichkeit, Unsicherheit, Vorsicht, Bewahrung« steht hier zur Verfügung. Auch hier suchen wir nach anderen Merkmalen. Dazu bemerken wir in der ausgeprägten Rechtsschrägheit einen expansiven Zug, der durch Anfangs- und Endbetonungen unterstützt wird. Dem allem fehlt aber die rechte Kraft und ein stärkerer Nachdruck. Das zeigt sich in der Strichbildung, die weder gespannt noch schwingend, vielmehr zwar glatt, aber etwas versteift ist. Als Einzelmerkmal fällt uns das etwas überbetonte a und die Vergrößerungen der Mittelzone beim g auf. Beides deutet auf ein etwas überhöhtes Geltungsbedürfnis hin. Auch hier gilt, was wir bereits bei der Willensentfaltung gesagt haben, daß das Können nicht dem Wollen, die Substanz nicht der Zielsetzung entspricht.

Mit diesen Feststellungen ist die Schrift im vorliegenden Beispiel natürlich noch keineswegs ausgeschöpft. Es sollte hier aber nur an einem ersten Beispiel aufgezeigt werden, wie man ein Merkmal – die Schriftgröße – bereits mit anderen kombinieren muß, um die Aussagen gegenseitig abzustützen, aber auch in den Nuancen zu bestimmen und in der Wertigkeit zu differenzieren.

Die folgende Schriftprobe zeigt recht eigenartige Größenverhältnisse. Auf Anhieb wirkt sie als mittelgroß. Dabei sind ihre Kleinbuchstaben zwischen 2–4 mm, die Mittelbuchstaben mit Oberlänge 5–7 mm, mit Unterlänge 13 bis 18 mm und die Großbuchstaben 10–14 mm hoch.

Bei dieser Schriftprobe haben wir auch den Vornamen der Unterschrift beigegeben. Die Unterschrift ist ausgesprochen groß (Kleinbuchstaben ca. 12 mm, Großbuchstaben ca. 32 mm), vor allem im Vergleich mit der sonstigen Schrift. Der Schreiber ist 49 Jahre alt und selbständiger Kaufmann. Das Formniveau ist nur mäßig. Es ist zwar mehr Kraft in dieser Schrift als in der vorigen; die Schrift ist erheblich gespannt. Sie ist im Ablaufrhythmus aber auch erheblich gestört, und die Eigenständigkeit ist nicht groß. Die Ab-

wandlungen von der Schreibvorlage liegen vor allem in zu-
sätzlichen Betonungen, die aber oft unorganisch angebracht
werden.

Wir gehen also im Prinzip von denselben Deutungsansätzen
wie bei der vorigen Schrift aus, kommen aber durch die
Nuancierungen zu erheblich anderen Ergebnissen.

Bezüglich der Willensentfaltung liegt ein Wechsel zwischen
Ausgriff und einer Zurückhaltung bis zur Verklemmung
vor. Dabei handelt es sich bei dem Ausgriff nicht um eine
natürliche Expansion in die Außenwelt (Rechtszug und
Weite), sondern um eine Betonung des Zuges nach oben
und unten. Das führt zu merklicher Enge, wird ergänzt
durch ein Zurücknehmen des Endstrichs am Wortende,
durch Verschmierungen und Einrollungen. Und das alles
gibt zu erkennen, daß es sich nicht um eine fehlende, sondern um eine verklemmte Aktivität handelt, die nicht recht
zum Zuge kommt und zwischen den Polen eines Dabeiseins
und »Etwas-Erreichen-Wollens« einerseits und einer inneren Versteifung und einem »Sich-Festziehen« in Kleinig-
keiten andererseits schwankt.

Dieser Unruhe in den Willensimpulsen, die besonders deutlich in den Größenschwankungen zutage tritt, entspricht ein
leicht störbares Selbstgefühl. Es schwankt zwischen einem

etwas primitiven Geltungsdrang und dem Bedürfnis, eine Rolle zu spielen, einerseits und einer inneren Unsicherheit andererseits, die zum Sich-Abdecken, zur Behauptung der Position auch entgegen sachlichen Notwendigkeiten führt. Als ergänzende und bestätigende Merkmale finden wir im Hinblick auf das Selbstgefühl die häufige Anfangsbetonung mit Bereicherungen, den übersteigerten Zug nach unten (dargestellte Standfestigkeit), die gelegentlichen Stoppzüge (Selbstbehauptung).

**Bedeutung der Unterschrift**

Schließlich spielt in dieser Hinsicht die Namensunterschrift eine Rolle. (Wir haben aus Diskretionsgründen nur den Vornamen wiedergegeben.) Allgemein kann gelten, daß in der Unterschrift mehr vom Leitbild des Menschen (das, was er sein möchte) erscheint, während die Schrift sonst sein Wesensbild (das, was er ist) wiedergibt. In diesem Fall ist nun eine Aufbauschung der Größe, vor allem des Mittelbandes, eine Bereicherung, eine Betonung der Unterlängen und eine Versteifung in der Vertikalbewegung festzustellen. Das alles deutet darauf hin, daß der Schreiber sich im Leitbild stark übernimmt, daß er dabei aber auch in den Illusionen steckenbleibt.

**Untersuchung der Aussagefähigkeit der Strichführung**

Die Strichführung. – Hier sollen drei Schriftproben (Schriftprobe 82, 83, 84) von der Strichführung her untersucht werden. Vorweg sei wieder eine Einordnung in die Skala des Formniveaus vorgenommen. Die erste Schrift (82) kann als eine Schrift mittleren Formniveaus gelten. Die zweite Schrift (83) liegt bereits unter dem Durchschnitt des Formniveaus, und die dritte Schrift (84) steht auf ausgesprochen schwachem Formniveau.

In der ersten Schrift ist der Rhythmus natürlich und ungezwungen, was auch für die Formgebung zutrifft. Das Gestaltungsniveau ist durch wenig Eigenes gekennzeichnet, läßt aber eine durchschnittliche Schriftkultur sichtbar werden. In der zweiten Schrift zeigt der Rhythmus eine geringere Natürlichkeit und Zwanglosigkeit. Die Schriftformen verraten wenig Eigenständigkeit, die Schreibkultur ist

**82**
**Natürlich-elastische Schrift**

**83**
Gespannte Schrift

*...gel vom 13.7.55 ... eine der beiden Positionen zu ...*

**84**
Leicht versteifte Schrift

*tes und meine fachliche Ver Verhandlungsfähigkeit bei Ihnen zu bewerben.*

mäßig. Bei der dritten Schriftprobe finden wir bei schwerfälligem Schreibrhythmus eine primitive, ungepflegte Ausgestaltung der Einzelformen.

Untersuchen wir nun die Strichführung (siehe Tabelle Seite 87) selbst, so können wir die erste Schrift (82) als natürlich elastisch bezeichnen, die zweite (83) als gespannt und die dritte (84) als verhältnismäßig versteift. Dementsprechend dürfen wir bei der ersten Schrift auf eine natürliche Einpassung in die Umwelt schließen, bei der zweiten ein gespanntes Wollen und Streben annehmen und bei der dritten eine unelastische Selbstbehauptung vermuten. Mit diesen Feststellungen haben wir schon die ersten Deutungsansätze gewonnen. Allerdings sind sie noch nicht ausreichend für die Kennzeichnung der Persönlichkeit. Sie geben nur allgemeine Richtungen an, die weiter, bis in die Einzelheiten der menschlichen Entfaltung hinein, interpretiert werden müssen. Das heißt aber zugleich, auch hier wieder andere Merkmale zu beachten. Doch welche? Wir könnten jetzt das Merkmal des Schreibdruckes untersuchen, um auf diesem Wege zusätzliche Deutungshinweise zu finden. Das ist aber bei den vorliegenden drei Schriften kaum möglich, weil die zweite Schriftprobe mit einem Kugelschreiber geschrieben wurde und demzufolge keine sicheren Aufschlüsse über den Schreibdruck gibt. Um nicht auf den Vergleich dieser drei Schriften verzichten zu müssen, wollen wir deshalb einen anderen Ansatz suchen. Er bietet sich in der Strichbildung an: Die Strichbildung (siehe Tabelle Seite 93) ist bei der ersten Schrift (82) teigig, bei der zweiten (83) scharf, bei der dritten (84) liegt sie etwa in der Mitte zwischen scharf und teigig. Hier haben wir nun die Möglichkeit, den ersten Deutungsansatz zu verfeinern. Das heißt, wir müssen die Symptome der Strichbildung mit den Symptomen der Strichführung vergleichen und die Deutungsergebnisse kombinieren.

Beginnen wir bei dem besonders anschaulichen ersten Beispiel (82)! Der Rhythmus ist im ganzen natürlich und zwanglos und nur gelegentlich etwas gestört (auffällig in der zweiten Zeile bei dem Wort »um«; es ist gegen den vorherrschenden Schreibrhythmus gerichtet). Abgesehen von dieser Störung haben wir aber eine einigermaßen elastische Strichführung vor uns. Die Strichbildung ist teigig. Wenn man beide Symptome zusammenfaßt, ergibt sich ein Hinweis auf eine zwanglose Entfaltung, die vorwiegend dem sinnlichen Erleben entstammt. Mit »sinnlich« wird hier die Erlebnisfähigkeit aller Sinnesorgane schlechthin umschrieben. Das Wort ist also im weitesten Sinne gebraucht und als Gegensatz zu einer vorwiegend vom Verstand bestimmten Entfaltungs- und Erlebnisform gemeint. Natürliche Teilnahme an den Erscheinungen der Umwelt, zwangloses Eingehen auf alle Eindrücke, unbedenkliches Mitgehen mit den Impulsen, die von der Umwelt ausgehen, das sind etwa die Deutungs-Gesichtspunkte, die sich von den beiden Merkmalen her ergeben.

Beim zweiten Beispiel (83) sehen wir eine gespannte Schrift, die gleichzeitig scharf ist. Beides zusammen deutet auf eine seelische Anspannung hin, die vorwiegend vom Verstand her gesteuert und bestimmt wird. Das entspricht in weiterem Sinne einer nur geringen Neigung zur Anpassung und einem verstärkten Durchsetzungsstreben. Dieses Bemühen des Schreibers, sich durchzusetzen, wird auch in einem weiteren graphologischen Symptom sichtbar. Die Endzüge der

Schrift sind deutlich betont und oft weit ausfahrend und scharf zugespitzt. Bezogen auf das Verhältnis zur Umwelt, können solche Endzüge auf aggressive Neigungen hinweisen. Wie stark dieses Merkmal ausgeprägt ist, sehen wir, wenn wir es mit dem ersten Beispiel (82) vergleichen: In der ersten Schriftprobe haben wir wechselnde Endzüge. Zum

Teil sind sie sogar ein wenig eingebogen, zum Teil greifen sie etwas weiter aus, in beiden Fällen fehlt ihnen aber die Schärfe und Härte der Endzüge, die wir beim zweiten Beispiel sehen. Im Gegenteil, hier bleiben sie sogar stets etwas weich. Das weist darauf hin, daß sich der Schreiber, entsprechend seinen Bewegungsimpulsen, in lockerem Schwung der Umwelt nähert. Im zweiten Beispiel hingegen ist ein spitzer Bewegungsimpuls direkt auf die Umwelt gerichtet. Wieder anders geformte Endzüge zeigt das dritte Beispiel (84). Die Endungen sind kaum betont und nicht einheitlich. Zum Teil lehnen sie sich ganz an die Schulvorschrift an, zum Teil haben sie die Form von Stoppzügen. Nur selten wagen sie sich etwas weiter nach rechts hervor. All das verrät mangelndes Durchsetzungsbemühen und die Unfähigkeit, sich zwanglos anzupassen. Zugleich erfahren wir, daß sich der Schreiber der Umwelt gegenüber zurückhält. Diese Lebenshaltung entspricht weitgehend der Neigung zur Selbstbehauptung, die schon in der Strichführung (siehe Seite 113) sichtbar wurde und auch durch die Bereicherung einzelner Großbuchstaben weiter bestätigt wird. Besonders markant ausgeprägt ist das Merkmal in der dritten Zeile bei dem großen »I«.

Aufgrund der Strichführung, der Strichbildung und insbesondere der Endzüge und Großbuchstaben haben wir nun für alle drei Schriftproben erste unterschiedliche Deutungsergebnisse und Aufschlüsse über die Grundhaltung dem Leben und den Aufgaben gegenüber erhalten. Die Frage lautet nun, ob die gewonnenen Erkenntnisse noch durch weitere Merkmale bestätigt werden. Wir wollen deshalb die drei Schriften noch hinsichtlich der Zeilenführung (siehe **Zeilenführung** Tabelle Seite 60) untersuchen. In diesem Fall müssen wir allerdings beachten, daß die Zeilenführung im zweiten und dritten Beispiel (83, 84) von außen her beeinflußt wurde, denn beide Schreiber benutzten ein liniertes Papier. Dennoch können wir einzelne unterschiedliche Symptome der Zeilenführung erkennen. Sie erhalten ein besonderes Gewicht, weil sie sich durchgesetzt haben, obwohl die Zeilenführung durch die vorgedruckte Linie gestützt wurde.

Das erste Beispiel (82) zeigt wechselnde Zeilenführung. Das läßt zunächst eine geringe Festlegung auf eine bestimmte Äußerungsform vermuten. Untersuchen wir aber die Schrift im einzelnen weiter, dann erkennen wir schon bald Ausprägungsformen, die genauere Aufschlüsse geben. Wir finden beispielsweise innerhalb der Worte ein Absinken der Zeilenführung; das heißt, anfangs steigt die Zeile leicht an, aber diese Steigung verliert sich sehr schnell, und die Worte sinken immer weiter ab. Ausdrucksmäßig deuten solche Symptome darauf hin, daß der Schreiber mit einem leichten Schwung an die Aufgabe herangeht, aber sehr schnell in seinem Schwung nachläßt. Im weiteren Sinn zeigt das Nachlassen der Entfaltungsenergie wahrscheinlich eine natürliche Anpassungsbereitschaft mit einer leichten Neigung zum Sichgehenlassen an. Diese Aussage entspricht durchaus den schon früher gewonnenen Deutungsergebnissen. Zusammenfassend können wir also sagen: Die Bereitschaft zum Mitschwingen, zum Mitgehen, zum Sichanregenlassen, zur Anpassung, zum Angleich an die gegebenen Verhältnisse ohne eine betonte Eigenständigkeit, ohne die Absicht, eine Zielrichtung energisch durchzusetzen, das alles ist charakteristisch für diese Schrift.

**Gehöhlte Zeile**

Zusätzlich kann man noch gelegentlich eine gehöhlte Zeile beobachten, die auf ein etwas schwerblütiges Temperament hinweist. Diese Aussage paßt durchaus zu der bisherigen Deutung.

Das zweite Beispiel (83) zeigt eine andere Tendenz. Zwar hält sich auch hier die Zeile vorwiegend an die aufgezeichnete Grundlinie, aber in den einzelnen Worten wird doch deutlich die Neigung zum Ansteigen sichtbar. Allerdings handelt es sich hier nur um einen kurzfristigen, schnell versiegenden Auftrieb. Charakteristisch dafür ist das Wort »Positionen« am Rand des Schriftbildes. Der erste Abschnitt des Wortes, also »Posi«, wird ansteigend geschrieben, die nächste Silbe »ti« setzt tief an und steigt im »i« wieder auf. Der Rest des Wortes verläuft dann annähernd gerade. Ähnlich gestaltet ist das Wort »beiden«, eine Zeile höher. Alle genannten Symptome der Zeilenführung weisen darauf hin, daß aus der inneren Anspannung heraus ein Impuls zur stärkeren Energieentfaltung anläuft, ein Impuls, der sich allerdings sehr schnell verbraucht. Nach dem Abklingen kann er sich wiederholen oder in einem Nachgeben auslaufen. Damit aber erhält die Form des Energieeinsatzes, die wir als eine gespannte, wohl vorwiegend von praktischen Zielen angeregte gekennzeichnet haben, einen neuen Akzent. Diese gespannte Energie-Verwirklichung läuft nur in kurzfristigen Impulsen ab und hat nicht allzuviel Reserven hinter sich. Das besagt, daß die Ausdauer und das Durchhaltevermögen gegenüber den Anforderungen des Alltags wahrscheinlich eingeschränkt sind.

Der Vergleich der Schriften eins und zwei zeigt sehr klar, daß gerade das Symptom der gehöhlten Zeile je nach der Einbettung in den Gesamtzusammenhang anders gedeutet werden muß. Im ersten Fall sehen wir ein optimistisches, für Anregungen empfängliches Anlaufen, ganz im Sinne des zwanglosen Mitmachens, das nicht auf ein gezieltes Erfolgsstreben ausgerichtet ist. Es schwingt locker in einem leichten Nachgeben aus. Im zweiten Fall handelt es sich um ein angespannt-aktives Anlaufen aus dem Bedürfnis der Zielverwirklichung heraus. Die notwendigen Energien für diese Aktivität fehlen aber, so daß ständig ein neuer Impuls benötigt wird, der sich jedoch ebenfalls wieder schnell verbraucht.

Wenn wir nun auch noch das dritte Beispiel (84) hinsichtlich der Zeilenführung untersuchen, so sehen wir eine im wesentlichen gerade Zeile. Die Zeilenführung lehnt sich an die Grundlinie an. Die Worte ruhen gewissermaßen in sich auf der Grundbasis der Zeile, während sie sich beim zweiten Beispiel immer mit einem gespannten Impuls von der Zeile zu lösen bemühten und nur gelegentlich wieder auf diese zurückfielen. Im dritten Beispiel wird dementsprechend eine mehr beharrlich in sich ruhende Grundhaltung sichtbar, die sich vor allem in der Art der Zeilenführung zeigt. Im zweiten Beispiel dagegen war ein dynamischer Zug vorhanden, der auch die Zeilenführung mitbestimmte. Die in der Zeilenführung erkennbare Grundhaltung läßt sich übrigens auch noch von anderen Einzelmerkmalen her belegen. Das kleine lateinische »t« am Ende der einzelnen Worte wird vom Schreiber mit einer weiträumigen Schleife versehen. Als Schreibablauf bewertet, bedeutet das eine zusätzliche Bewegung, eine Betonung des Umständlichen. In der Umständlichkeit liegt aber psychologisch gesehen immer das Moment des Auf-der-Stelle-Tretens, des geringen Fortschrittes.

Enge und weite Schrift. Die beiden Schriften (Schriftprobe 85, 86), die wir nun untersuchen wollen, scheinen auf den ersten Blick sehr voneinander verschieden, vor allem in der Größe. Die eine Schrift (85) wirkt klein, die andere (86) groß. Aber das Gefühl trügt, und in Wirklichkeit haben beide Schriftproben vieles miteinander gemein. An dem ersten falschen Eindruck sind die Einzelformen schuld: So

**Gerade Zeile**

**Untersuchung der Bedeutung von Enge und Weite der Schrift**

sind die Kleinbuchstaben der ersten Schrift größer als die der zweiten, die Langbuchstaben sind ebenso wie die Mittelbuchstaben bei 86 merklich größer. Hervorgerufen wird der Eindruck der Unterschiedlichkeit auch dadurch, daß die zweite Schriftprobe wegen großer Schriftweite großräumig, die erste hingegen mit ihren engen Schriftzügen gedrängt erscheint. Und noch ein Faktor spielt eine entscheidende Rolle:

| | |
|---|---|
| **85**<br>**Enge Schrift** | |

| | |
|---|---|
| **86**<br>**Weite Schrift** | |

Die zweite Schrift zeigt einen betonten Rechtszug, die erste ist merklich gebremst.

Davon können wir bei unserer Deutung ausgehen. Berücksichtigen wir nun noch, daß beide Schriften etwa das gleiche mittlere Formniveau besitzen (bei der zweiten Schrift ist es im ganzen etwas besser), so deutet die Schriftweite der ersten, engen Schrift auf eine vorsichtige und gebremste Zuwendung zur Außenwelt hin, während die zweite Schrift eine aufgeschlossene, interessierte, eifrig bereitwillige Zuwendung zur Umwelt verrät.

**Schriftweite**

Die Deutungstabelle für die Schriftweite (siehe Seite 42) sagt uns, daß die enge Schrift auf Mäßigung, Haltung und Beherrschung hinweist; sie gibt aber auch an, daß dieses

Merkmal sehr viele Ursachen haben kann. Bezogen auf diesen speziellen Fall heißt das: Wir müssen sofort fragen, ob die Mäßigung hier einer bewußten Haltung und Selbstbeherrschung oder einem mangelnden Zutrauen zu sich selbst entspricht. Wie richtig und auch wichtig diese Fragestellung ist, beweist schon allein die Tatsache, daß wir gelegentlich Stoppzüge, aber nirgends Endbetonungen finden. Betont sind hingegen die Wortabstände (siehe Tabelle Seite 56), was wiederum auf Zurückhaltung und Abstand schließen läßt. Die erste, enge Schrift (85) stammt also offensichtlich von einem Schreiber, der wenig aus sich herausgeht. Er neigt mehr dazu, bei einer im ganzen durchaus vorhandenen Kontaktbereitschaft in seinen Äußerungen an sich zu halten. (Die Kontaktbereitschaft ist aus der Rechtslage der Schrift zu erkennen.) Unsere Frage lautet: Entspringt die Zurückhaltung mangelndem Selbstvertrauen oder bewußter Selbstzügelung und Selbstbeherrschung?

**Wortabstände**

Die Antwort hängt weitgehend von der Stärke der seelischen Energien ab. Untersuchen wir also einmal den Schreibdruck (siehe Tabelle Seite 100), der ja, wie wir wissen, Aufschluß über den Energiegrad geben kann! Es zeigt sich, daß diese Schrift mit nur geringem Druck geschrieben wurde und daß sie bis zu einem gewissen Maße teigig ist. Das aber weist auf eine breitere Ansprechbarkeit bei nur geringen Energiereserven hin. Mit anderen Worten: Die Schriftprobe stammt von einer nicht sehr kraftvollen Person, von einer schwächeren Natur, die sich keineswegs zügelt, sondern sich aus Selbstschutztrieben zurückhält. Hinzu kommt, daß auch der Geltungsanspruch nicht allzu hoch ist. Das läßt sich einmal aus der nur mittelgroßen Schrift ableiten, zum anderen aus der Tatsache, daß sehr wenig Formbereicherungen vorhanden sind. Wir haben es dementsprechend wahrscheinlich mit einer vorwiegend sachlich orientierten Person zu tun, die sich gern auf den engen Bereich festumrissener Arbeit zurückzieht und mit der Umwelt nur Kontakt aufnimmt, wenn Aufgaben und Pflicht es verlangen.

**Schreibdruck**

Das zweite Beispiel (86) zeigt eine weite Schrift, die, wie bereits gesagt, auf eine aufgeschlossene, strebsame und freizügige Entfaltung hinweist (siehe Tabelle Seite 42). Auch hier bleiben noch manche Fragen offen: Sind die Aufgeschlossenheit, das Interesse und der Eifer Folge einer zielgerichteten Einsatzbereitschaft, oder entsprechen sie nur einer sozusagen flüchtig angeregten Betätigung?

**Schriftweite**

**Zeilenführung**

Die Zeilenführung (siehe Tabelle Seite 60) ist leicht dachziegelartig fallend, was auf eine begrenzte Durchhaltefähigkeit schließen läßt. Auch Lebendigkeit und Aktivität dürfen wir erwarten, da die Schreibeile (siehe Tabelle Seite 97) leicht betont ist. Die Buchstaben sind ebenso wie die Einzelstriche weit auseinandergezogen, ohne jedoch flüchtig zu wirken. Damit haben wir ein neues, in den bisherigen Deutungsbeispielen noch nicht erwähntes Symptom vor uns: den hohen Verbundenheitsgrad (siehe Tabelle Seite 85). Dieses Symptom weist bei mittlerem Schreibniveau auf eine nicht sehr originelle, aber im ganzen konsequente und verhältnismäßig klare Beziehungnahme zur Umwelt hin, was zugleich bedeutet, daß sich der Schreiber vorwiegend in konventionellen Bahnen bewegt. Bestätigt wird die konventionsgebundene Haltung durch die Formgebung der Schrift (siehe Tabelle Seite 75): Sie weicht wenig von der Schulvorlage ab und zeigt nur geringe Ansätze zur Eigenständigkeit. Das Bild des betreffenden Menschen erhält schließlich noch schärfere Konturen, wenn wir den Schreibdruck (siehe Tabelle Seite 100) untersuchen. Er ist relativ gering, bis zum berührungsscheuen Strich. Ähnlich wie bei der ersten Schriftprobe (85) weisen also die meisten Merkmale auf einen Menschen hin, der sich von den Eindrücken der Umwelt zwar anregen läßt, aber nicht mit einer besonders starken Energieentfaltung aus sich heraustritt.

**Schreibeile**

**Verbundenheitsgrad**

**Formreichtum**

**Schreibdruck**

In einer Hinsicht jedoch unterscheiden sich die beiden Schriften recht beträchtlich voneinander: Während die erste Schriftprobe die Neigung des Schreibers verrät, sich auf einen ziemlich engen Bereich eigener Interessen und Betätigungen zurückzuziehen, zeigt sich hier (86) eine ausgesprochen umweltzugewandte Lebenseinstellung. Sie wird, obwohl die Gesamtrichtung der Entfaltung einigermaßen stetig bleibt, weniger von inneren Zielsetzungen bestimmt, sondern mehr durch äußere Anregungen.

Dabei spielt die geringe Kraft und Belastbarkeit eine erhebliche Rolle, die als Hintergrund für das gesamte Verhalten anzusehen sind.

## Schriften zweier Frauen in der Gesamtdeutung

Bisher haben wir uns nur mit Deutungsansätzen beschäftigt, das heißt, wir haben von einem markanten Merkmal ausgehend die Aussagerichtung der jeweiligen Schrift erarbeitet. Hier soll nun am Beispiel zweier Schriften skizziert werden, welche Wege für eine Gesamtdeutung in Frage kommen. Auch in diesem Fall wählen wir zwei Beispiele, weil in der Gegenüberstellung die Deutungsprinzipien besonders klarwerden.

Beide Schriftproben (87 und 88) stammen von Sekretärinnen und wurden im Zusammenhang mit einer Bewerbung geschrieben. Die Schriftprobe 87 gibt eine halbe Seite eines DIN-A 4-Bogens wieder, die Schriftprobe 88 etwa zwei Drittel eines DIN-A 5-Bogens. Die Verkleinerung ist notwendig, um die Zeilen und Ränder deutlich erkennbar werden zu lassen und den Gesamteindruck zu erhalten. Beide Texte zeigen das Ende eines Briefes (die Unterschriften wurden in beiden Fällen entfernt). Die Schreiberinnen benutzten normale Schreibfedern – wahrscheinlich Füllfederhalter, wie der gleichmäßige Tintenfluß vermuten läßt – und gutes holzfreies Briefpapier (hier nicht sichtbar). Beachten müssen wir ferner, daß die Schriften voll ausgeschrieben sind und daß die Schreiberinnen offensichtlich viel korrespondieren. Schreibhemmungen spielen also kaum eine Rolle. – Damit haben wir die äußeren Schreibbedingungen umrissen. Für die Deutung wirkt sich besonders günstig aus, daß sehr ähnliche soziologische Voraussetzungen vorliegen, zum Beispiel hinsichtlich der Lebensbedingungen, der Berufserfahrungen und der beruflichen Beanspruchung. Wir können dementsprechend erwarten, daß sich in den Schriften die Persönlichkeitsunterschiede gut erkennen lassen; die

**87**
(Diese Probe wurde aus Raumgründen um 55 % verkleinert; das ist besonders bei der Bewertung der Größe zu beachten!)

Zeit- und Umgebungseinflüsse, wie Gewohnheiten, Traditionen und Moden beeinflussen den Deutungsvergleich kaum, da sie in beiden Fällen ähnlich sind und sich deshalb aufheben.

## 88
(Diese Probe wurde aus Raumgründen um 45 % verkleinert; das ist besonders bei der Bewertung der Größe zu beachten!)

**Der Vergleich hinsichtlich des Formniveaus**

Formniveau. Wir beginnen unsere Deutung mit der allgemeinen Einschätzung des Formniveaus. Von der Frage nach der Eigenständigkeit und Lebensfülle der Schriften ausgehend, kann man die Schrift 87 als gut durchschnittlich, die Schrift 88 als knapp durchschnittlich ansehen. In der Probe 87 wurde die Schulschrift weitgehend abgewandelt, und die Formen sind aufgelockert bzw. abgeschliffen, in einzelnen Fällen aber auch durch Zusätze bereichert. Ein höherer Grad von Originalität liegt jedoch nicht vor. Der Ablaufrhythmus der Schreibbewegung ist frei und ungestört. – In der Schrift 88 zeigt sich eine nur leichte Abwandlung der Schulform; größere Eigenständigkeit verrät sie nicht. Der Ablaufrhythmus ist unfrei und gehemmt. Dementsprechend muß das Formniveau etwas niedriger bewertet werden, obwohl in geistiger Hinsicht kaum ein größerer Unterschied vorliegen dürfte.

**Der Weg durch die Einzelmerkmale**

Bei der Deutung der Einzelmerkmale können wir von irgendeinem beliebigen Symptom ausgehen. Wir wollen hier der Reihe nach das Bewegungsbild, das Raumbild und das Formbild untersuchen, wobei sich selbstverständlich gewisse Überschneidungen nicht vermeiden lassen.

Strichführung. Sie steht in unmmittelbarem Zusammenhang mit dem Schreibrhythmus (siehe Tabelle Seite 87). In der Schriftprobe 87 ist die Strichführung weitgehend glatt, schwingend und ungestört, in der Schriftprobe 88 dagegen leicht gestört und bis zu einem gewissen Grad gehemmt. Besonders deutlich fühlen wir diesen Unterschied zwischen den beiden Schriften, wenn wir versuchen, den Schreibrhythmus nachzuvollziehen. Die Schriftprobe 87 kommt dem Versuch entgegen, während die Probe 88 Stockungen und Hemmungen, wechselnd mit gelegentlich etwas freierem Ablauf, offenbart. Diese Merkmale (siehe Tabelle Seite 87) weisen auf ein mehr oder weniger freies Ausleben der ursprünglichen seelischen Impulse hin. Zeigt also die Schrift 87 eine natürliche, unbekümmerte, im großen und ganzen unkomplizierte und anpassungsfähige Entfaltung bei nicht allzu sensiblen seelischen Impulsen an, so verrät die Schrift 88 eine weniger freie, leicht angreifbare, gelegentlich auch störbare Natur. Die etwas starre Strichführung entspricht obendrein der Neigung zu innerer Versteifung – ein Symptom, das bei störungsempfindlichen Naturen dem Selbstbehauptungsbemühen zuzuschreiben ist. – Das Merkmal der Strichführung gibt uns also einen ersten Hinweis auf die Art und Weise, in der sich die treibenden Kräfte innerhalb der Persönlichkeit entfalten. Das heißt, nicht die äußeren Verhaltensweisen bilden den Ausgangspunkt, sondern ein zentrales Merkmal der Persönlichkeit steht am Beginn der Deutung.

Strichbildung. Sie hängt eng mit der Strichführung zusammen (siehe Tabelle Seite 93). Wir unterscheiden grundsätzlich eine scharfe oder eine teigige Strichbildung. Im vorliegenden Fall muß aber das Merkmal noch genauer untersucht werden, da die Schriftproben weder eine ausgesprochene Schärfe noch eine eindeutige Teigigkeit erkennen lassen, sich aber dennoch in der Strichbildung deutlich voneinander unterscheiden. In der Schrift 87 haben wir eine kraftvolle Strichbildung: breit ausgezogene Schriftzüge wechseln mit schärferen Strichen. Diese Ausprägung entspricht einer mittelstarken Triebkraft, die aber – wahrscheinlich auf konventionelle Formen hin – gelenkt, also gezügelt und überwacht wird. – Die Schrift 88 zeigt leichte Schwankungen der Strichbreite und darf gewissermaßen als zart oder andeutungsweise teigig bezeichnet werden. Von dieser Form der Strichbildung ähnlich wie bei der Schrift 87 auf eine stärkere Triebhaftigkeit zu schließen, wäre eindeutig falsch. Die besondere Ausprägung des Merkmals weist vielmehr auf eine recht empfindsame sinnliche Ansprechbarkeit hin, die zwar bis zu einem gewissen Grad die Empfindungsfähigkeit der Persönlichkeit verstärkt, aber andererseits nicht frei ausgelebt wird, sondern gehemmt bleibt. Die Erkenntnisse, die wir aufgrund der Strichführung über Hemmungen und Versteifungen gewonnen haben, müssen uns nun helfen, diese Aussage zu verfeinern.

**Schreibeile**

Schreibeile. Überprüfen wir in beiden Schriften das Merkmal der Schreibeile (siehe Tabelle Seite 97), so kommen wir zu folgendem Ergebnis: Schrift 87 zeigt eine begrenzt zügige Schriftführung, strichförmige und richtungsungenaue Oberzeichen, eine mehr kurvige als eckige Schrift, mehr Verbindungen als Unterbrechungen und eine mittlere Weite. Die Schreibgeschwindigkeit kann als gut mittel bezeichnet werden. Die Schrift 88 hingegen ist eng und alles andere als zügig. Kürzungen des Schreibweges fehlen, und die Schreibbewegung wird oft unterbrochen. Insgesamt gesehen haben wir also eine langsame Schrift vor uns. Welche Schlüsse haben wir nun aus diesen Symptomen zu ziehen? Erinnern wir uns: Das Merkmal der Schreibeile weist auf das Ablauftempo des seelischen Geschehens hin. Unter dem Gesichtspunkt der Willensentfaltung gesehen, entspricht die Schreibeile dem schnellen oder langsamen Ingangkommen der willentlichen Impulse. Dementsprechend kann man die Schrift 87 als Ausdruck einer relativ beweglichen und lebhaften Aktivität werten. Die Schrift 88 dagegen verrät eine mehr beharrliche Entfaltung der willentlichen Impulse, ein gewisses Auf-der-Stelle-Treten. Der frische Elan eines unbekümmerten Impulses fehlt ganz. Über die Ursachen dieser Entfaltungsform ist damit noch nichts gesagt, und letztlich reichen die bisherigen Deutungsergebnisse auch nicht für eine Erhellung der Hintergründe aus.

Bezogen auf das Gefühl, entspricht die Schrift 87 einer durchschnittlichen, mittleren Gefühlslebendigkeit. Die Schreibeile zeigt in diesem Fall, daß die Schreiberin natürlich reagiert, wenn auch nicht allzu nachhaltig. Ganz anders lautet die Deutung der Schrift 88. Sie weist auf eine recht geringe innere Bewegtheit des Gefühlslebens hin, aber zugleich verrät sie, daß die Schreiberin empfindsam reagiert, daß Ereignisse und Dinge das Gefühl stark ansprechen. Es wäre also falsch, von einem stumpfen oder schwerfälligen

Gefühlsleben zu reden. Die Frau, von der dieser Brief stammt, ist vielmehr gefühlsmäßig ansprechbar, nur bleibt sie gewissermaßen in ihrem Erleben stecken. Dementsprechend sind ihr größere Gefühlserregungen fremd: Das Gefühls- und Stimmungsniveau bleibt gleich.

Schreibdruck. Er weist auf die Stärke der persönlichen Entfaltung hin (siehe Tabelle Seite 100). Rückschlüsse auf die Art willentlicher und gefühlsmäßiger Entfaltung können wir ziehen, wenn wir untersuchen, welche Besonderheiten bei diesem Merkmal auftreten. **Schreibdruck**

Die Schrift 87 kann als ziemlich druckstark gelten. Vor allem die an- und abschwellende Strichbreite, die kräftig aufgetragene Tinte und schließlich das durchgedrückte Papier weisen auf eine merkliche Druckstärke hin. Schrift 88 hingegen wurde mit geringem Druck geschrieben. Wir sehen unter der Lupe häufig sogar den sogenannten berührungsscheuen Strich. Er kommt zustande, wenn die Feder nur ganz zart und leicht über das Papier gleitet. Beziehen wir die hier festgestellten Ausprägungsformen auf die Willensentfaltung, so deutet die Schrift 87 auf ein kraftvolles und entschlossenes Wesen hin, unter Umständen sogar auf die Neigung, robust zuzupacken. Unter dem Aspekt der Gefühlsentfaltung wird in diesem Merkmal hingegen eine unbekümmerte Äußerungsbereitschaft sichtbar, die gelegentlich zu affektiven Reaktionen führen kann. (Darauf weisen gelegentliche Druckverstärkungen hin.) – Bei der Schrift 88 verrät der geringe Druck eine wenig kraftvolle, unsichere Willensentfaltung und ein empfindsames, Beeinflussungen zugängliches Gefühlsleben.

Das Merkmal des Schreibdrucks ist besonders deshalb für unsere graphologische Arbeit wesentlich, weil es die bisherigen Erkenntnisse über die treibenden Kräfte und die elementaren, vorwiegend unbewußten Erlebnis- und Entfaltungsformen der Persönlichkeiten bestätigt und ergänzt.

Schriftgröße. Sie gehört einerseits noch zum Bewegungsbild, andererseits aber ebenso zum Raumbild (siehe Tabelle Seite 37). Im ersten Fall müssen wir die Schriftgröße als Merkmal der wirkenden Kräfte werten, im zweiten als Symptom des umweltbestimmten Leitbildes. – Untersuchen wir nun zunächst, ob die vorliegenden Schriften groß oder klein sind! In der Schrift 87 schwankt die Größe der Kleinbuchstaben zwischen 3 und 7 mm, die Größe der Langbuchstaben zwi- **Schriftgröße** schen 13 und 17 mm. Die Schrift kann also groß genannt werden. Im Beispiel 88 sind die Kleinbuchstaben 1,3 bis 2,7 mm groß, die Langbuchstaben 9,3 bis 11,6 mm hoch. Das entspricht einer knapp mittelgroßen Schrift.

Die Größe der Schrift 87 weist auf eine großräumige Entfaltung, auf einen gewissen Expansionsdrang und ein gesteigertes Durchsetzungsbedürfnis hin. Der Anspruch auf einen größeren Lebensraum wird mit Selbstverständlichkeit gestellt. Bezogen auf das Selbstgefühl entspricht die Schriftgröße ausgeprägter Selbstsicherheit und dem Bemühen zu wirken. Die Schreiberin möchte offensichtlich eine Rolle spielen und zur Wirkung kommen. Die Frage, ob dieser Anspruch zu Recht besteht, muß noch aufgeschoben werden, denn vorerst läßt sich nirgends feststellen, ob das Geltungsbedürfnis zu weit gesteckt ist. – Ganz andere Aufschlüsse gibt Schrift 88. Sie zeigt nicht das Durchsetzungsbemühen wie die Schriftprobe 87, sondern eher die Neigung zur Zurückhaltung und Vorsicht. Die Schreiberin beansprucht nur wenig Raum, und auch diesen nicht unbekümmert und selbstverständlich, sondern in einer mehr tastenden und verhaltenen Weise. Die Willensentfaltung zeigt dementsprechend die Züge bewußter Selbstbeherrschung, ängstlicher Versteifung und einer gewissen Enge. Hinter dieser Lebenshaltung stehen als Antrieb – wie wir auf Seite 124 sahen, nur geringe, relativ schwache Impulse.

**Schriftweite**

Schriftweite. Auch dieses Merkmal deutet auf einen Ausgriff in die Umwelt hin (siehe Tabelle Seite 42) und ergänzt so das Symptom der Schriftgröße. – Die Schrift 87 neigt zu einer mittleren Weite, zu einem ausgeglichenen Verhältnis von Basisbreite und Höhe der Kurzbuchstaben. Das heißt, wir sehen zwar etwas weitere und etwas engere Buchstaben, im ganzen ist es aber richtig, eine mittlere Weite als graphisches Symptom zugrunde zu legen. Die Schrift 88 hingegen tendiert zur Enge. Genauer gesagt: Der Abstand von Buchstabe zu Buchstabe ist meist klein, während die Kurzbuchstaben eine mittlere Weite aufweisen. An einigen Stellen zeigt sich eine ausgesprochen betonte Verengung, so zum Beispiel regelmäßig zwischen dem »I« und dem »h« in »Ihrem«, zwischen dem »c« und dem »h« in »Nachricht« und zwischen den beiden »l« in »vielleicht«. Wir müssen also bei der Deutung nicht nur die allgemeine Neigung zur Enge beachten, sondern auch die Sondermerkmale, wie sie sich in diesen markanten »Engstellen« darbieten. – Was sagen nun die Symptome aus? Schrift 87 verrät einen Ausgriff in die Umwelt. Dieser Ausgriff ist jedoch – auch wenn er auf einer echten Aktivität beruht – nur mittelweit. Somit wird also der Raumanspruch, wie er sich in der Größe der Schrift zeigte, nur begrenzt durch die Aktivität erfüllt. Hinzu kommt, daß die ausgreifende Bewegung mehr nach oben und unten gerichtet ist als nach rechts. Demnach bemüht sich die Schreiberin mehr, die eigene Position auszubauen, als aktiv nach außen zu wirken. – In der Schrift 88 deutet die Enge auf Verhaltenheit und Vorsicht hin. Zwar bemüht sich die Schreiberin offensichtlich um Aktivität, aber die Energien und die Durchhaltefähigkeit reichen in keinem Fall aus.

Längenteilung. Sie entsteht aus dem Verhältnis der Oberlängen zu den Unterlängen (siehe Tabelle Seite 45). Bei der Schrift 87 können wir eine verhältnismäßig ausgeglichene Längenteilung feststellen. Oberlängen und Unterlängen ragen aus dem recht ausgeprägten Mittelband in etwa gleicher Weise hervor, so daß nirgends ein klares Übergewicht zu erkennen ist. Dieses harmonische Verhältnis entspricht einer natürlichen Zuwendung zur Außenwelt, einer gewissen Wirklichkeitsnähe, aber auch der Neigung, sich mit den Dingen geistig auseinanderzusetzen. Weder wird die Sphäre des Verstandes überbetont, noch erhält die materielle Ausrichtung einen zu großen Spielraum. Bei weitem nicht so ausgewogen ist die Längenteilung der Schrift 88. Die Oberlängen sind deutlich betont, einmal durch größere Länge, zum anderen durch reichere Ausgestaltung (Raumbild!). Das weist auf die Neigung der Schreiberin hin, sich auf verstandesmäßige Bereiche zurückzuziehen. Die Beziehung zu den ursprünglichen lebendigen Grundlagen ist dagegen wenig ausgeprägt. Es gibt sogar Unterlängen, die deutlich unterbetont, wenn nicht gar verkümmert sind, wie vor allem die Schleifen des kleinen »g«. Dadurch aber wird das Fehlen einer stärkeren lebensvollen Basis, der Mangel an Vitalität deutlich hervorgehoben. Wir finden hier also eine Bestätigung schon vorliegender Deutungsergebnisse (siehe Seite 126). Ebenfalls auf geringen Kontakt mit der Wirklichkeit weisen Sondermerkmale wie die etwas aufgeblähten Oberlängen hin. Sie zeigen an, daß die Schreiberin viele Ziele und Wünsche nur in der gedanklichen Ausgestaltung erlebt und daß Absichten, die zur Verwirklichung eine größere vitale Basis und eine stärkere Energiereserve

Längenteilung

benötigen, wahrscheinlich im Traum und in der Illusion steckenbleiben.

**Längenunterschied**

Längenunterschied. Dieser Begriff bezeichnet das Verhältnis der Langbuchstaben zum Mittelband (siehe Tabelle Seite 49). In der Schriftprobe 87 ist der Längenunterschied verhältnismäßig gering. Das liegt daran, daß vor allem das Mittelband stark betont ist. Es erhält deshalb – trotz der Größe der Langbuchstaben – besondere Bedeutung. Auch in der Schriftprobe 88 ist das Mittelband gegenüber den Langlängen ziemlich ausgeprägt. Allerdings müssen wir hier zugleich berücksichtigen, daß die Unterlängen verkürzt sind und dementsprechend dem Gesamteindruck einen anderen Akzent geben. Bei der Schriftprobe 87 können wir von einer selbstsicheren, zufriedenen, in sich ruhenden Haltung sprechen, aus der eine nach außen gerichtete Entfaltung erwächst. In der Schriftprobe 88 entspricht das Merkmal mehr einer Wendung nach innen (Introversion). Gemeint ist ein Sichzurückziehen auf sich selbst aufgrund mangelnder Fähigkeit, sich gegenüber der Außenwelt zu behaupten. Dieses Merkmal zeigt wiederum deutlich, daß ein gleiches oder doch sehr ähnliches graphisches Symptom nur aus der Gesamtdeutung der Schrift heraus richtig bewertet werden kann.

**Schriftlage**

Schriftlage. Sie ist in den beiden Schriftbeispielen fast gleich. Das heißt, beide Schriften sind leicht nach rechts geneigt – so leicht, daß wir sie beinahe als steil bezeichnen können. Schließen wir den graphologischen Erkenntnissen gemäß (siehe Tabelle Seite 52) von der Schriftlage auf den Umweltkontakt und werten wir die Rechtsneigung als eine Zuwendung zur Umwelt und die Linksneigung als eine Abkehrung von der Umwelt, so zeigen beide Schriften eine gewisse Verhaltenheit bzw. Zurückhaltung. Diese in beiden Fällen ähnliche Einstellung zur Umwelt bedeutet jedoch auch hier jeweils etwas ganz anderes. Die Zurückhaltung auf der Grundlage einer kraftvollen, selbstbewußten Natur, wie sie uns die Schriftprobe 87 verrät, weist darauf hin, daß die Schreiberin aus einer inneren Selbstsicherheit dazu neigt, die Menschen auf sich zukommen zu lassen. Sie »braucht die anderen Menschen nicht«, weil sie sich selbst genügt, und wartet deshalb ab, bis die »Umwelt« den Kontakt mit ihr aufnimmt. Mit anderen Worten: Es ist eine ruhige, ausgeglichene Haltung der Umwelt gegenüber, die hier in der Schriftlage sichtbar wird. – Eine ganz andere Einstellung zeigt das Beispiel 88. Auch hier wird Zurückhaltung sichtbar, Zurückhaltung aber mehr aus der Unsicherheit heraus, Verhaltenheit aus einem nur begrenzten Selbstvertrauen und aus dem Bemühen um Selbstbehauptung. Diese Lebenseinstellung wird hier noch deutlich durch ein gewisses Sicherheitsbedürfnis gekennzeichnet.

**Wortabstand** Wortabstand. Das eben Gesagte wird noch durch die Wortabstände betont (siehe Tabelle Seite 56). Sie sind in beiden Schriften deutlich ausgeprägt, in der Schrift 88 noch etwas stärker als in der Schrift 87. Da dieses Merkmal auf die Gliederung seelischer und geistiger Abläufe hinweist, die sich wiederum in der Neigung zum Abstandhalten auswirkt, können wir folgende Schlußfolgerungen ziehen: Die Schrift 87 verrät, daß die Schreiberin aus innerer Sicherheit Abstand hält. Das entspricht einer in sich ruhenden Haltung, die den Dingen gegenüber eine gewisse Überlegenheit wahrt und sie im einzelnen in eine Ordnung bringen möchte. Bei der Schriftprobe 88 entspringt das Abstandhalten hingegen der mangelnden Fähigkeit, den Kontakt zur Wirklichkeit herzustellen, gleichgültig, ob es sich dabei um sachliche oder menschliche Bereiche handelt. Die Haltung des Auf-sich-selbst-Zurückziehens in einer inneren Vereinsamung wird so in dieser Schrift deutlich sichtbar.

**Zeilenabstand** Zeilenabstand. Auch dieses Merkmal gibt uns Auskunft über die Beziehungen zur Umwelt und über das Kontakt-Streben (siehe Tabelle Seite 59). Die Schriftprobe 88 hat große Zeilenabstände, während sie bei der Schriftprobe 87 nur mittelmäßig ausgeprägt sind. Somit zeigt sich wiederum in der Schrift 88 eine Neigung zur Absonderung und Isolierung, eine Vorliebe fürs Einzelgängertum. Die Schriftprobe 87 dagegen weist – trotz der Versuche, sich im einzelnen abzusondern – im ganzen gesehen auf die Bereitschaft zum Kontakt mit der Umwelt hin. Hier ist der Zusammenhang mit der Umwelt nicht gestört. Der Kontakt kann jederzeit aufgenommen werden, auch wenn man sich meist selbst genügt.

**Zeilenführung** Zeilenführung. Sie gibt uns Aufschluß darüber, wie sich die Haltung den Mitmenschen gegenüber im Lebensgefühl und in der Lebensgrundstimmung auswirkt. (Siehe Tabelle Seite 60. – Um die Zeilenführung deutlich sichtbar zu machen, haben wir bei einigen Zeilen die Zeilengrundlinie nachträglich eingetragen.) Die Schrift 87 zeigt eine gerade und recht stabile Zeilenführung. Schwankungen sind außerordentlich selten. Das deutet auf eine gleichmäßige Lebensgrundstimmung hin. Eine solche Gleichmäßigkeit kann auf verschiedene Weise zustande kommen. In diesem Fall dürfen wir aufgrund der bisherigen Deutungsergebnisse annehmen, daß sie aus der inneren Sicherheit, die wiederum einer gesunden Lebensgrundlage entspringt, erwächst. – Die Zeilenführung im Beispiel 88 ist schwankend und wellenförmig, was auch auf unbeständige Lebensgrundstimmung hinweist. Den Grund müssen wir wahrscheinlich in empfindlicher Erlebnisfähigkeit und geringer innerer Festigkeit sehen. Jedenfalls wird aus dieser Sicht das Auf und Ab in den Grundstimmungen durchaus verständlich. Auch hier sehen wir wieder, daß die Schreiberin den Menschen ihrer Umwelt unsicher gegenübersteht, und auch hier drängt sich die Frage nach der Grundsubstanz und der Durchhaltefähigkeit im ganzen auf.

**Schriftränder** — Ränder. Sie unterscheiden sich nicht merklich voneinander. Wir haben bei beiden Schriften einen mäßigen Linksrand und einen betonten Rechtsrand. Der Linksrand ist so wenig ausgeprägt, daß er keine exakte Deutung zuläßt. Der Rechtsrand hingegen, der ja auf den Abstand gegenüber der Umwelt, auf eine gewisse innere Reserve hinweist (siehe Tabelle Seite 66), läßt den Schluß zu, daß beide Schreiberinnen sich der Umwelt gegenüber etwas zurückhalten und nicht mit voller Spannkraft auf sie zugehen. Aber wiederum muß diese Aussage bei jeder der beiden Schriften anders bewertet werden. In der Schrift 87 zeigt sich erneut die Selbstgenügsamkeit, die einer in sich ruhenden Natur entspringt, während in der Schrift 88 das Bemühen um Selbstbehauptung und dementsprechend die Vorsicht dominieren.

**Anfangs- und Endbetonung** — Anfangs- und Endbetonung. Dieses Merkmal (siehe Tabelle Seite 70 u. 73) ist in beiden Beispielen nicht besonders ausgeprägt. In der Schriftprobe 87 sind die Wortanfänge ein klein wenig betont, stärker die Großbuchstaben. So zeigen das große »N« und das große »U« lange Anstriche. Beim großen »I« fällt die Oberschleife auf. Aber all die Ausprägungsformen liegen noch innerhalb des gewohnten Rahmens und lassen höchstens auf eine mittlere, nicht übertrieben starke Selbsteinschätzung schließen. Viel auffälliger ist das Fehlen der Anfangsbetonung bei der Schriftprobe 88. Hier sind die Anfangsbuchstaben und die Großbuchstaben gegenüber dem sonstigen Schriftbild verkleinert oder sogar

verkümmert. Sehr deutlich läßt sich das bei dem großen »V«
des Wortes »Vielleicht« in der viertletzten Zeile feststellen.
Dieses Symptom weist auf einen Mangel an Selbstsicherheit
und auf Schüchternheit gegenüber der Umwelt hin.

Noch weniger auffällig ist die Endbetonung, ja, sie fehlt
fast völlig in beiden Schriften. Wir können nur feststellen,
daß in der ersten Schrift die Endstriche der Buchstaben mit
einer gewissen Festigkeit ausgeführt wurden, während die
Endstriche der Schriftprobe 88 eine »weiche« Unsicherheit
erkennen lassen.

Formreichtum. Wie die Anfangs- und Endbetonung ist auch **Formreichtum**
er (siehe Tabelle Seite 75) wenig ausgeprägt. Genauer gesagt: In der Schriftprobe 87 zeigt sich eine geringe Reichhaltigkeit der Formen, in der Schriftprobe 88 treten hingegen
starke Vereinfachungen auf. Die schwache Betonung bzw.
das Fehlen des Formreichtums deutet – besonders bei der
Schriftprobe 88 – auf eine mangelnde Originalität der Persönlichkeit hin. Die Ursache müssen wir in einem Siche-
rungsbedürfnis sehen, das zur Anlehnung an die vorgegebenen Formen führt. Logischerweise schränkt ein solches An-
lehnungsbedürfnis die freie, originale Entfaltung der Persönlichkeit ein. Andererseits führen die geringen Ansätze
der Eigenständigkeit zur Illusion, weil ihnen keine ausreichende Vitalität zugrunde liegt. Wir hatten das schon bei
dem Merkmal der Längenteilung (Seite 127) festgestellt,
und hier wird diese Erkenntnis wiederum bestätigt, denn in
den Oberlängen ist noch eine gewisse Völle sichtbar, die
Unterlängen und Kleinbuchstaben hingegen sind unterbetont bzw. verkümmert. Bei der Schriftprobe 87 geht die
Völle der Schrift gerade so weit, daß man von einer gewissen Wirklichkeitsnähe sprechen kann. Die Schreiberin neigt
demnach nicht in erster Linie zu scharfem Denken.

Formfestigkeit. In der Schriftprobe 87 zeigt sich eine gewisse **Formfestigkeit**
Festigkeit mit der Neigung zur Auflockerung. Die Schrift-
probe 88 hat weiche Formen und läßt eine Neigung zur Versteifung erkennen. Von diesen Erscheinungsbildern (siehe
Tabelle Seite 78) kann man bei der Schriftprobe 87 auf eine
ziemlich feste, aber doch elastische Persönlichkeitsstruktur
schließen, bei der Schriftprobe 88 hingegen auf eine im
Grunde schwache Struktur, die in dem Bemühen um Sicherung unterliegt und dementsprechend zu unelastischer Haltung führt. Mit anderen Worten: Die Schreiberin der Schrift
88 klammert sich an gegebene Formen an.

131

Bindungsform. Sie hat in beiden Schriften die Form der Girlande (siehe Tabelle Seite 81). In der Schriftprobe 87 ist diese Girlande durch Spitzen etwas verschärft. Zum Beispiel haben wir es bei dem kleinen »i« mit einer ziemlich eindeutigen Winkelbindung zu tun, die nur gelegentlich in die Girlande übergeht. Auch sonst ist die Girlande eher gespannt als frei ausschwingend. Das bedeutet, daß die Anpassungs- und Einfühlungsbereitschaft durch einen festen Standpunkt und durch Selbstbehauptungszüge eingeschränkt wird. Die Schreiberin läßt sich also nur begrenzt beeindrucken. Da die Formen obendrein nicht sonderlich verfeinert sind, haben wir es mit einer recht robusten, wenn auch elastischen Standfestigkeit zu tun. – Bei der Schriftprobe 88 ist die Girlande schleifenförmig ausgeprägt, die Schreibbewegung läuft vorwiegend in runden Schwüngen ab. Dadurch wird der ohnehin schon »nachgiebige« Zug der Girlande noch weicher gestaltet. In der Kombination mit einer druckschwachen und etwas teigigen Schrift – wie sie hier vorliegt – deutet diese Bindungsform darauf hin, daß sich die Schreiberin leicht beeindrucken und beeinflussen läßt.

Verbundenheitsgrad. Er ist in der Schriftprobe 87 etwas größer als in der Schriftprobe 88. Zwar kann man auch die Probe 87 nicht betont verbunden nennen. Sie zeigt aber immerhin einen stärkeren Zusammenhang der Einzelbuchstaben. Hinter diesem Symptom steht die Neigung, gefühlsmäßiges Erleben verstandesmäßig in einer nüchtern gedanklichen Überformung zu verarbeiten (siehe Tabelle Seite 85). Bei der Schriftprobe 88 wird dagegen der logische Gedankenablauf offenbar durch gefühlsmäßige Eindrücke beeinflußt. Einzelerlebnisse und Einzeleindrücke spielen eine größere Rolle als der konsequent auf ein Ziel gerichtete Gedankenfluß.

Wir haben nun die wichtigsten Merkmale der beiden Schriftproben untersucht. Immer wieder sahen wir dabei, daß zwischen allen Symptomen ein enger Zusammenhang besteht und daß erst die Kombination der Merkmale zu Deutungsergebnissen führt. Vergegenwärtigen wir uns zum Schluß noch einmal die gewonnenen Erkenntnisse:

Die Schrift 87 verrät – in groben Zügen – eine recht selbstbewußte Persönlichkeit, die mit innerer Standfestigkeit im Leben steht, die eigene Position ausbaut und Ansprüche an die Umwelt stellt. Die Schreiberin hat einen natürlichen Zugang zum Praktischen und Zweckmäßigen. Feinere

Nuancen der Empfindung sind ihr versagt. Sie ist anpassungsfähig, doch nicht geneigt, die eigene Position ohne weiteres aufzugeben. Im allgemeinen wartet sie ab, bis die Menschen ihrer Umwelt an sie herankommen. Wenn ihre eigenen Interessen es verlangen, kann sie aber auch von sich aus Kontakt aufnehmen.

Die Schreiberin 88 ist ein etwas weicher, innerlich nicht sehr fester, gefühlsmäßig stark ansprechbarer Mensch, der durch Einflüsse der Umwelt leicht beeindruckt wird. Für diese Frau spielt die Selbstbehauptung eine wesentliche Rolle. Dementsprechend verhält sie sich vorsichtig, geht wenig aus sich heraus und findet keine feste Position in der Welt. Ihre Wünsche und Hoffnungen werden nur selten verwirklicht, sondern meistens in die Illusion und in die Unwirklichkeit abgedrängt. Unter dem Aspekt der Lebenstüchtigkeit ist die Schreiberin 87 der Schreiberin 88 sicherlich überlegen. Das bedeutet aber keine allgemeine Abwertung für 88, weil mit den persönlichen Schwierigkeiten auch eine differenziertere und sensible Erlebnisfähigkeit einhergeht. Es ist eine Frage des Wertaspekts, worauf man vor allem sein Augenmerk legen will. Es ist aber nicht Sache der Graphologie zu werten, sondern die psychologischen Hintergründe zu erkennen.

Es handelt sich um die Schrift eines promovierten Akademikers von Mitte 40. Sie ist mit einem Füllhalter geschrieben, und zwar als Anschreiben einer Bewerbung. Sie wurde auf ¹/₂ verkleinert, um das gesamte Blatt wiederzugeben und die Zeilen und Ränder deutungsfähig zu erhalten.

Wir würden das Formniveau als gut bezeichnen, obwohl der Ablaufrhythmus wenig kräftig ist. Wir halten die Variationen im Rhythmus aber mehr für Pausen und Richtungsänderungen als für Hemmungen und elementare Störungen. Es ist verhältnismäßig leicht, den Rhythmus nachzuvollziehen, wenn man nur den Bewegungsfluß ganz locker hält. Der Grad der Eigenständigkeit der Schriftgestaltung ist relativ hoch. Von da aus gesehen, erscheint uns der Schluß auf ein gutes Formniveau berechtigt zu sein. Die Einschränkungen von seiten des Rhythmus werden ohnehin später in der Deutung wirksam werden.

Wir können jetzt bei der weiteren Deutung von jedem beliebigen Merkmal ausgehen. Wir wählen die Schriftgröße:

**Deutungsbeispiel der Schrift eines Mannes**

**Formniveau**

*[Handschriftprobe eines Akademikers, nicht lesbar]*

einmal, weil sie als nicht sehr groß in die Augen springt,
zum anderen, weil wir gern mit einem meßbaren Merkmal
beginnen.

**Schriftgröße**

Die Kleinbuchstaben liegen zwischen 1 und 2 mm, erreichen selten die Höhe von 3 mm. Die Mittelbuchstaben liegen zwischen 5–7 mm, die Großbuchstaben liegen zwischen
9 und 10,5 mm. Danach kann man die Schrift als gerade
untermittelgroß ansetzen, wobei wir gleich vermerken, daß
die Variation der Größe relativ breit ist.
Von hier aus können wir unter dem Aspekt der Willensentfaltung auf eine mittlere Aktivität schließen, die mehr
durch die Anpassung an die Umwelt und deren Anforderungen zustande kommt als durch eigene innere Antriebe.
Unter dem Aspekt des Selbstgefühls werden wir auf einen
geringen Geltungsanspruch schließen, auf ein Selbstwertgefühl, das mehr von der sachlichen Leistung und der geistigen Überlegenheit getragen wird, als von der vitalen
Substanz.

**Schriftweite**

Die Schrift ist als weit zu bezeichnen; die Basis der Kleinbuchstaben ist immer größer als ihre Höhe; die Abstände

134

von Buchstabe zu Buchstabe sind meist größer als ihre Höhe. Das deutet auf eine Aufgeschlossenheit und Interessiertheit der Umwelt gegenüber, die bei der betonten Eigenständigkeit der Schriftgestaltung den Akzent einer selbständigen und kritischen Verarbeitung der Eindrücke tragen dürfte. Die Zuwendung ist im übrigen frei und ungezwungen, ohne besondere Vorsicht oder Besorgnis.

Längenteilung

Die Längenteilung ist in der Schrift wechselhaft. Im allgemeinen ist die Tendenz zu größeren Ober- als Unterlängen vorherrschend. Es kommen aber gelegentlich etwas stärker betonte Unterlängen vor, die das Verhältnis ausgleichen. Vorherrschend sind für diese Persönlichkeit sicherlich geistig-intellektuelle Neigungen wie die Tendenz zu einem mehr abstrahierenden Denken. Gleichzeitig dürfte die Bindung an die Wirklichkeit geringer sein, so daß eine Gefahr des Intellektualismus (der wirklichkeitsfremden Betonung des Intellekts) nicht auszuschließen ist.

Längenunterschied

Der Längenunterschied ist relativ groß. Das bedeutet aber, daß der Schreiber an weitgesteckten Plänen und Ideen interessiert ist. Es ist aber mindestens in der Andeutung damit zu rechnen, daß seine Kräfte dem nicht entsprechen. Das Mißverhältnis zwischen Wollen und Können scheint aber doch nicht allzu groß zu sein, weil dem Wollen der Nachdruck fehlt und eine selbstkritische Einsicht zum Ausgleich führt. Deshalb wird dieser Ausgriff vorwiegend auf die Phantasie beschränkt bleiben.

Schriftlage

Die Schriftlage ist als steil zu bezeichnen. Bei genauer Prüfung mit dem Winkel kommen etwas nach rechts geneigte Langbuchstaben und etwas nach links geneigte Kurzbuchstaben vor; aber das Gesamtbild zeigt ein etwas unruhiges Pendeln um die Steillage. Daraus kann man auf eine Tendenz zur Selbstbeherrschung bei leichter Beeindruckbarkeit schließen. Auf jeden Fall ist eine gewisse Zurückhaltung im Engagement für Aufgaben vorhanden, wobei diese wieder eher im Interesse einer Kräfteökonomie als aus Mangel an Interesse erfolgt.

Wortabstand

Der Wortabstand ist als etwas überdurchschnittlich anzusprechen. Die Neigung zur Distanz, die sich bereits bei anderen Merkmalen ergab, wird hier deutlich. Bei einem Sinn für geistige Klarheit und Ordnung führt der Abstand zu Dingen und Menschen zu einer Erfüllung des eigenen Lebens im geistig-intellektuellen Bereich, während die praktischen Belange nur eine sekundäre Bedeutung haben.

**Zeilenabstand**

Der Zeilenabstand ist relativ weit, was erneut auf eine weitere Distanz zu den Menschen hindeutet. Dabei geht das keineswegs bis zum Einzelgängertum oder zur persönlichen Isolierung. Aber es weist auf einen Respekt vor dem Lebensbereich anderer Menschen hin, in den einzudringen den Schreiber nichts treibt. Er ist deshalb auch überhaupt nicht neugierig.

**Zeilenführung**

Um die Zeilenführung deutlich in Erscheinung treten zu lassen, haben wir einigen Zeilen nachträglich eine Gerade unterlegt. Dabei wird folgendes deutlich. Im ganzen liegt eine gerade Zeilenführung vor, die weder steigt noch fällt. Bei der etwas unruhigen Schrift wird die Gesamtrichtung relativ gut eingehalten, was auf eine merkliche persönliche Beherrschung hinweist. Innerhalb dieser allgemeinen Tendenz sehen wir aber mindestens eine Andeutung der dachziegelartig fallenden Zeile (deutlich erkennbar in der mit »Elternhaus« beginnenden Zeile). Das deutet auf eine Beherrschung negativ gefärbter Stimmungen hin, die der Schreiber immer wieder überwindet. Das kann einmal daran liegen, daß diese Stimmungsfärbung nicht sehr stark ist (Folge einer begrenzten vitalen Kraft, die aber für die Bewältigung normaler Lebensanforderungen ausreicht), oder an einer besonders starken Selbstbeherrschung, für die es aber sonst keine Hinweise gibt, zumal sie zu einer größeren Versteifung der Schrift führen würde.

**Schriftränder**

Beide Ränder sind nicht auffällig, tendieren aber zum schmalen Rand. Das gilt in stärkerer Weise für den Linksrand. Das deutet auf die Bereitschaft, im Rahmen einer begrenzten und ausgewogenen Zielsetzung die notwendige Hingabe an die Aufgabe aufzubringen. Es fehlt jedenfalls nicht an der Einsatzbereitschaft.

**Anfangs- und Endbetonung**

Das wird noch unterstrichen durch den, wenn auch nicht besonders ausgeprägten, aber doch vorhandenen Anfangsstrich (den sogenannten Eiferstrich), wie wir ihn etwa in der zweiten linierten Zeile bei »hier« und »mein« erkennen können. Sonst ist die Anfangsbetonung gering, was auf nur begrenzte und keineswegs überhöhte persönliche Ansprüche hindeutet. Die Endbetonung fehlt praktisch ganz. Wo sie einmal angedeutet wird, steht keine Kraft dahinter, so daß sie einen etwas schlaffen Strich aufweist. Versachlichung, Zurückhaltung und Bescheidenheit sind die Merkmale in der Tabelle. Sie bringen uns nichts Neues, bestätigen aber bereits Erwähntes.

Die Schrift stellt eine Mischung von Bereicherung und Ver- **Formreichtum**
einfachung dar, wobei die letztere das Bild stärker beherrscht. Leichte Bereicherungen sind gelegentlich in den
Oberlängen der Großbuchstaben zu erkennen. Wir würden
vor allem auf eine klare und präzise Denkweise mit ver-
sachlichender Tendenz schließen, die aber durch einen gewissen Formensinn und eine entsprechende Gestaltungskraft ergänzt wird.

Die Formfestigkeit ist nicht groß. Die Schrift ist als locker **Formfestigkeit**
zu bezeichnen, wobei auch gewisse Momente der Formauf-
lösung nicht zu übersehen sind. Das bedeutet aber eine nur
begrenzte innere Festigkeit mit einer stärkeren Beeindruckbarkeit und der Bereitschaft zum Wechsel. Hier zeigt sich
auch deutlich eine gewisse Schwäche der Persönlichkeit.

Grundform der Bindung ist die Girlande. Es ist aber nur **Bindungsform**
selten eine frei ausschwingende Girlande. Der rhythmische
Schwung wird oft gestört, und zwar, wie wir meinen, durch
ein Abstoppen der Bewegung. Das würde bedeuten, daß die
Bereitschaft zur Anpassung, zum Mitgehen von einer immer wieder dazwischentretenden Verhaltenheit überformt
wird. Und den Grund dafür würden wir wieder in einer
begrenzten vitalen Kraft und Belastbarkeit sehen.

Es handelt sich um eine vorwiegend verbundene Schrift, die **Verbundenheitsgrad**
gelegentlich für eine kurze Strecke in Einzelbuchstaben
auseinanderfällt. Das bedeutet, daß entweder der lange
Atem für das schlußfolgernde und zielorientierte Denken
fehlt oder daß dieses zwar vorhanden, aber gelegentlich
durch produktive Einfälle unterbrochen wird. Wir würden
zu der letzteren Deutung neigen, die gleichzeitig eine
Chance und eine Schwäche aufweist.

Die Strichführung stellt eine Mischung von »gespannt« und **Strichführung**
»schwingend« dar, wozu noch gelegentliche Störmerkmale
kommen. Das bedeutet, daß es sich im ganzen um eine nicht
unkomplizierte Persönlichkeit handelt, die nicht leicht auf
einen Nenner zu bringen ist, bei der fast jeder positiven
Möglichkeit auch eine Einschränkung gegenübersteht. Das
ergibt Probleme für die zusammenfassende Bewertung.

Die Strichbildung stellt ein Mittel zwischen scharf und tei- **Strichbildung**
gig dar und ist in diesem Fall nicht sehr aussagefähig. Da es
aber einige Verklecksungen bzw. teigige Verschmierungen
gibt, kann man schließen, daß die vordergründige Neigung
zur Form doch gelegentlich durch gefühlsbetonte bzw.
triebhafte Reaktionen durchbrochen werden kann.

Es handelt sich um eine eher langsame als eilige Schrift, was besonders daran deutlich wird, daß Oberzeichen mit einem Faden an den zugehörigen Vokal angebunden werden, was Zeit kostet. Ebenso sind manche Vokale ausgesprochen verkleinert und eingerollt. Das deutet eine gewisse Tendenz zur Umständlichkeit an.

Von da her kann man auf ein ruhiges Temperament bei gleichzeitiger leichter intellektueller Anregbarkeit schließen.

Die vorliegende Schrift kann man im ganzen als zur Druckschwäche tendierend ansehen. Es kommen etwas stärkere Druckphasen vor. Es gibt aber auch viele Stellen, wo wir es mit dem »berührungsscheuen« Strich zu tun haben. D. h., die Feder gleitet so über das Papier, daß die Berührung nicht zur vollen Verteilung der Tinte über den ganzen Strich führt; Beispiel: Aufstrich beim A in der dritten unterstrichenen Zeile, letztes Wort.

Unter dem Aspekt der Willensentfaltung bedeutet das eine bewegliche Anpassungsfähigkeit, die eine gewisse Unsicherheit einschließt, der es also an Nachdruck und Entschlossenheit fehlt. Unter dem Aspekt der Gefühlsäußerung ergibt sich eine feinfühlige, aber auch etwas empfindliche Art des Erlebens und Reagierens, die dem Schreiber das Durchstehen schwieriger und belastender Situationen nicht leicht macht.

Wir sind mit voller Absicht die ganze Reihe der Merkmale Schritt für Schritt durchgegangen, um dem Leser zu zeigen, daß die Merkmale die Deutung gegenseitig stützen, aber auch etwas abwandeln können. Schließlich ergibt sich aber doch eine Reihe mehrfach unterbauter Deutungen.

Über unseren Schreiber ergibt sich nun zusammenfassend: Es handelt sich um eine nicht ganz einfache Persönlichkeit von recht gutem Niveau, die differenziert in ihren Erlebnissen und eigenständig in den Äußerungen der Umwelt begegnet, die ihr aber nicht selten zum Problem wird. Die Persönlichkeitsstruktur ist vorwiegend vom Verstand und einer feinfühligen Gefühlsansprechbarkeit bestimmt, dagegen weniger von den Möglichkeiten einer nachdrücklichen Willensentfaltung.

Die intellektuellen Fähigkeiten sind gut. Ein logisch konsequentes Denken, das sich genügend gründlich mit den Details beschäftigt, ohne die Übersicht zu verlieren, wird durch gelegentliche produktive Einfälle bereichert. Es darf aber auch nicht übersehen werden, daß gelegentlich Züge der Umständlichkeit den Fortschritt der gedanklichen Arbeit hemmen können.

Begleitet wird dieses Denken von einem empfindsamen Gefühlsleben. Deshalb wird der Schreiber sich nie in der blassen Intellektualität erschöpfen; die Beziehung zum Lebendigen bleibt immer erhalten, allerdings mit der Nuance einer verfeinerten und gelegentlich auch wohl idealisierenden Bewertung. Er ist dagegen nicht der handfeste Praktiker, den es vorwiegend zur Gestaltung der Verhältnisse drängt. **Gefühlsleben**

Und zwar ist er das deshalb nicht, weil ihm die tragfähige vitale Basis fehlt, die einen lebhafteren und härteren Willenseinsatz erst ermöglichen würde. Die Antriebe zum Handeln und Schaffen sind bei ihm nicht sehr kräftig. Er läßt sich zwar von außen anregen und wird die Kräfte dann der Aufgabe entsprechend einsetzen; aber von innen her ist der Drang zur Aktivität nicht sehr groß. Die Steuerung seines Kräfteeinsatzes wie auch seines Verhaltens ist gut entwickelt. Er hat sich immer in der Hand. Er gibt seinen Impulsen – die allerdings auch nicht sehr stark sind – nicht freien Lauf, sondern kontrolliert sie verstandesmäßig. Von da aus ist sein recht distanziertes Verhalten zu den Mitmenschen auch zu verstehen. Neigung zur Selbstbeherrschung, zur Diskretion und ein nicht allzu fest fundiertes Selbstvertrauen wirken als Bremse für die Kontaktfindung und Kontaktgestaltung. Das wird zwar durch eine erworbene Umgangsgewandtheit z. T. ausgeglichen, so daß eine normale Kontaktgestaltung schon zustande kommen wird, aber die Intensivierung des Kontaktes entspricht nicht seinem Wesen. **Willenseinsatz**

**Selbstbeherrschung**

Bei diesen Voraussetzungen wird es für den Schreiber wichtig sein, eine berufliche Position zu finden, die ihm die eigene Gestaltung auf einem angemessenen Niveau ermöglicht, seinen Kräftehaushalt aber nicht zu sehr beansprucht. Bis jetzt dürfte er eine recht glückliche Kräfteökonomie betrieben haben, so daß keine Überforderungen und Verspannungen entstanden sind. Auch sein Geltungsanspruch ist keineswegs überhöht, und die Zielsetzung liegt ganz im Rahmen des Möglichen. Von da aus kann man diese zweifellos nicht einfache Persönlichkeit doch als positiv qualifiziert betrachten. **Geltungsanspruch**

# Besondere Fragestellungen an die Schriftdeutung

Bisher haben wir bei der Schriftdeutung stets gefragt, was die Schrift über die Person des Schreibers aussagt. In der Praxis wird die Fragestellung häufig anders lauten. Das heißt, der Graphologe interessiert sich nicht nur für die Gesamtstruktur der Persönlichkeit, sondern häufig auch für bestimmte, einzelne seelische Bereiche, zum Beispiel für den Grad der Ehrlichkeit oder die besondere Ausprägung der Intelligenz.

Die Untersuchung dieser Einzelbereiche darf aber nun keineswegs dazu führen, daß die Zusammenhänge persönlicher Entfaltung übersehen werden. Schon das grundlegende Kapitel über die psychologischen Voraussetzungen der Schriftdeutung (siehe Seite 16) versuchte ja klarzumachen, daß solche einseitigen Fragen ohne Berücksichtigung der Gesamtpersönlichkeit nicht gestellt werden dürfen.

Bedenken wir also hier: Es gibt keine Intelligenz, die nicht in den Gesamtzusammenhang der Persönlichkeit eingebettet ist. Es gibt keine besondere losgelöste Eigenschaft Ehrlichkeit, denn sie erwächst aus der Persönlichkeit und aus deren Erfahrungen mit der Umwelt und den Menschen. Im Anschluß an eine Gesamtdeutung der Schrift und der Persönlichkeit kann es aber durchaus sinnvoll sein, nach solchen speziellen seelischen Bereichen zu fragen und ihren Ausprägungsgrad feststellen zu wollen. Dabei ist es zweckmäßig, noch einmal auf spezielle Merkmale zurückzugreifen, die Hinweise auf diese Komplexe geben können.

**Frage nach der Intelligenz**

Die Neigung, Menschen vorwiegend nach ihrer Intelligenz zu beurteilen, führt auch in der Graphologie häufig zu der Frage: Wie intelligent ist er? Wird er dem, was man von ihm erwartet, gewachsen sein? Dabei bleibt noch völlig offen, was der Frager unter Intelligenz verstehen will. Dieser Begriff ist auch in der Psychologie umstritten. Man kann aber, insbesondere unter praktischem Aspekt – etwa sagen, daß Intelligenz die Fähigkeit meint, »sich in neuen Situationen auf Grund von Einsichten zurechtzufinden oder Aufgaben mit Hilfe des Denkens zu lösen, ohne daß hierfür die Erfahrung, sondern vielmehr die Erfassung von Beziehungen das Wesentliche ist« (Psychol. Wörterbuch von Dorsch). Von dieser komplexen Bestimmung des Begriffs müssen wir aber zu Einzelfeststellungen kommen.

Wenn wir die Intelligenz eines Menschen beurteilen wollen, so müssen wir zuerst nach den Merkmalen der geistigen Beweglichkeit suchen. Die geistige Beweglichkeit drückt sich in einem bewegten Schriftbild aus, das mehr durch abgeschliffene als durch eckige Formen bestimmt ist. Bei einem starren und monotonen Schriftbild hingegen wird man auf eine geringere Beweglichkeit des Denkens schließen können. Eines der wichtigsten Merkmale ist hier die Schreibeile (siehe Tabelle Seite 97). Große Schreibgeschwindigkeit deutet auf einen raschen Denkverlauf hin, geringe Schreibeile auf einen langsamen Ablauf des Denkprozesses. Weiterhin können wir feststellen: **Schreibeile**

Kleine und feingliedrige Formen (siehe Tabelle Seite 75) verraten ein durchgebildetes Denken und die Fähigkeit, verstandesmäßig auch Feinheiten zu erfassen. Große, plumpe Formen betonen ein ungegliedertes Denken und einen Mangel an verstandesmäßiger Feinfühligkeit. **Formreichtum**

Die Verbindung der Gedanken in Form logischer Folgerungen erweist sich in der Verbundenheit der Schrift (siehe Tabelle Seite 85). Geringe Verbundenheit deutet auf spontane Einfälle, wobei allerdings ihre Produktivität von dem geistigen Niveau des Schreibers abhängt. **Verbundenheitsgrad**

Vereinfachung des Schriftbildes zeigt, daß der Schreiber das Wesentliche zu erkennen vermag. Wenn gleichzeitig die eigentliche Form des Buchstabens gut ausgebildet ist, kann man auf die Fähigkeit des Abstrahierens schließen. Dagegen weisen komplizierte Formen, die nur nebensächliche Züge des Buchstabens betonen, darauf hin, daß der Blick für das Wesentliche wenig ausgeprägt ist. Das kann einen Mangel an Logik verraten, aber auch ein Sichverlieren an Nebensächlichkeiten und die Unfähigkeit, zu einem begründeten Urteil zu gelangen.

Mäßige Völle (siehe Tabelle Seite 75) des Schriftbildes deutet auf Vorstellungskraft und Anschauungsfähigkeit hin, **Formreichtum** übertriebene Völle auf eine weitschweifende Phantasie. Mäßige Magerkeit betont einen gesunden Wirklichkeitssinn, übertriebene Magerkeit eine Anschauungsarmut, geringe Vorstellungskraft und nüchtern trockenes Denken.

**Wortabstand** Klare Anordnung und Gliederung der Worte (siehe Tabelle Seite 56) entspricht geistiger Klarheit, verworrene Anordnung des Schriftbildes, Verhäkelung der Zeilen und gleichzeitige Unleserlichkeit zeigen Unklarheit, gegebenenfalls Verworrenheit des Denkens an.

**Formreichtum** Individuelle Buchstabenformung (siehe Tabelle Seite 75) läßt ungebundenes, schablonenfreies Denken und unvoreingenommenes Urteilen erkennen, Anlehnung an die Schulform und geringe individuelle Gestaltung der Schriftzüge hingegen macht schablonenhaftes Denken sichtbar.

**Strichbildung** Mittlere Schärfe der Schrift (siehe Tabelle Seite 93) entspringt einem ausgeprägten Verstand, teigige Schrift und ungleichmäßige Druckgebung entsprechen einem Einfluß triebhaften Geschehens auf die Denkabläufe. Sorgfalt in den einzelnen Schriftzügen weist auf Genauigkeit, Sorgfalt und Präzision auch in den Denkvorgängen hin, nachlässig ausgeführte Schriftzüge verraten hingegen Nachlässigkeit und Gleichgültigkeit im Denken und ungenaues Arbeiten.

Diese Aufstellung erhellt, daß der komplexe Begriff der Intelligenz in die Einzelheiten aufgegliedert werden muß und daß man erst auf diese Weise einen Einblick in die Denkvorgänge und in die Leistungsfähigkeit des Denkens gewinnt.

**Intelligenzniveau** Eine allgemeine Beurteilung der Intelligenz kann demnach auch nicht mehr ergeben als die Feststellung des Intelligenzniveaus, d. h. des Niveaus, auf dem sich die möglicherweise sehr unterschiedlichen Denkprozesse vollziehen.

Darüber hinaus ist die Intelligenz aber immer eingebettet in die Gesamtpersönlichkeit und wird von anderen Faktoren mitbestimmt oder modifiziert. Das wird an den beiden folgenden Beispielen deutlich.

**Schreibeile** Die Schrift 90 ist wenig bewegt und zeigt eine nur sehr geringe Schreibeile. Dementsprechend müssen wir auf eine mittelmäßige Beweglichkeit und auf einen nicht allzu schnellen Denkverlauf schließen (siehe Tabelle Seite 97). Die Gedanken werden wenig gegliedert, was allerdings nicht heißt, daß der Schreiber in groben und plumpen Formen denkt. Ebenfalls mittelmäßig ist der Verbundenheits **Verbundenheitsgrad** grad. Das deutet auf ein wenig ausgeprägtes logisches Den

142

*[Handschriftprobe:] Zur Besetzung dieser wichtigen Stellung Urteil über die Bewerb... dürfte diese Entscheidung erle...*

ken hin (siehe Tabelle Seite 85). Andererseits werden aber die einzelnen Schriftzüge doch nicht so stark unterbrochen, daß wir mit einem betonten Einfallsreichtum rechnen könnten. Das sehen wir vor allem bestätigt, wenn wir das Merkmal im Zusammenhang mit der Gesamtstruktur der Persönlichkeit untersuchen. In diesem Falle stellt sich sehr bald heraus, daß der Schreiber vorwiegend gefühlsbetont ist. Mit anderen Worten: Das Gefühl beeinflußt das Denken, so daß der Schreiber letztlich nicht zu präzisen logischen Schlußfolgerungen gelangt. Dieser Tatsache entspricht ein weiteres Merkmal: In der vorliegenden Schrift werden alle Züge mit der gleichen Genauigkeit und Sorgfalt ausgeführt. Das deutet auf die Bereitschaft hin, die Einzelheiten in gleicher Weise wichtig zu nehmen, oder auf die Unfähigkeit, Wesentliches zu erkennen. Hinzu kommt ein stärkeres Wirksamwerden der Vorstellungsfähigkeit.

Die Völle der Schrift, die weichen Rundungen, die Ausgestaltung der Vokale hängen eng mit einer anschaulichen Erlebnisform zusammen. Dennoch bleiben die gedanklichen Vorgänge klar, worauf nicht zuletzt die im ganzen doch recht gut gegliederte Schrift und die deutlich ausgeprägten Zeilenabstände (siehe Tabelle Seite 59) hinweisen. Zusammenfassend können wir also sagen: Die vorliegende Schrift verrät einen Menschen, der bei geläufigen Denkvorgängen (die Buchstabenbildung ist stark an die Schulform angelehnt!) doch einen ausreichend klaren Verstand besitzt. Die Art des Denkens ist weniger sachlich nüchternen (also etwa technischen Sachverhalten) zugewandt, sondern vielmehr vom Erleben her bestimmt und auf das Lebendige ausgerichtet. – Die Schrift stammt von einem Verkäufer in gehobener Position.

Aus demselben Berufs- und Lebensbereich stammt auch die zweite Schrift (Schriftprobe 91), aber sie enthält grundlegend andere Merkmale. Vor allem fällt die starke innere

**Zeilenabstand**

143

**Formfestigkeit**

Lebendigkeit auf. Die Schrift ist nicht nur eilig hingeworfen, sondern zeigt auch einen lebhaften Wechsel der Buchstabenformen und der graphischen Merkmale, so daß wir zu Recht eine innere Bewegtheit des Menschen bzw. raschen Denkverlauf und geistige Elastizität erwarten dürfen (siehe Tabelle Seite 78).

Berücksichtigen müssen wir allerdings noch das Gesamtniveau der Probe. Es ist ähnlich wie das der vorigen Schrift nur mittelgut und läßt keine ausgesprochen positive Wertung der Merkmale zu. Hinzu kommt, daß die Gedankengänge nicht sonderlich gegliedert erscheinen. Die Buchstabenformen sind weder besonders klein noch feingegliedert, noch in Einzelheiten ausgestaltet. Des weiteren ist die

**Verbundenheitsgrad**

Schrift vorwiegend verbunden. Das deutet in diesem Fall, also im Zusammenhang mit der starken inneren Lebendigkeit auf ein sehr leichtes und geschicktes Kombinieren – auf ein Kombinieren, das sich logischen Ansprüchen anpaßt (siehe Tabelle Seite 85). Allerdings handelt es sich hier nicht um die Logik des scharfsinnigen Denkers, sondern mehr um die Logik des Praktikers, der folgerichtig und vor allem unter Zweckmäßigkeits-Gesichtspunkten handelt. Diese Art des Handelns schließt fast immer den Sinn für das We-

**Formreichtum**

sentliche ein. Es zeigt sich auch in der vorliegenden Schrift in den Form-Vereinfachungen. Da die Vereinfachungen

**91**
**Intelligenz unter dem Einfluß eines zielorientierten Willens**

aber andererseits in Form-Vernachlässigungen gipfeln, müssen wir zugleich auch Flüchtigkeit und Oberflächlichkeit erwarten (siehe Tabelle Seite 75 u. 78). Anders formuliert: Der Schreiber erfaßt schnell das Wesentliche, ohne allerdings besonders in die Tiefe einzudringen. – Die Phantasie scheint nicht sehr ausgeprägt, denn die Schrift ist eher mager als voll (siehe Tabelle Seite 75). Den Schreiber interessieren nüchterne Tatbestände; lebhaft ausgestaltende Phantasie

144

ist ihm fremd. Sorgfalt und Genauigkeit sind nur schwach ausgeprägt, was aber nicht heißt, daß sie gröblich vernachlässigt würden. – All diese Erkenntnisse geben ein erstes, grobes Bild der Intelligenz des betreffenden Menschen. Ein endgültiges Urteil aber können wir uns nur bilden, wenn wir die Deutungsergebnisse wiederum im Zusammenhang mit der Gesamtstruktur der Persönlichkeit sehen. Es zeigt sich dann, daß wir hier eine nicht allzu kraftvolle Persönlichkeit vor uns haben, deren Impulse sich zwar ganz lebhaft, aber nur in begrenzter Stärke auswirken. Dieser Mensch wird vorwiegend vom Verstand und vom Willen bestimmt. Er verfolgt seine Ziele zwar mit der notwendigen Konsequenz, die allerdings weniger einem zähen Durchsetzungsbemühen entspricht als taktischer Gewandtheit. Unter den hier aufgezeichneten Gesichtspunkten müssen wir letztlich die Merkmale seiner Intelligenz sehen. Diese zwei Beispiele machen deutlich, daß man die Schrift speziell auf Intelligenzmerkmale untersuchen kann, sie verweisen aber zugleich auch auf die grundlegende Forderung, die Einzelmerkmale stets auf die Gesamtpersönlichkeit zu beziehen. Vor jeder einzelnen Fragestellung müssen wir die Grundstruktur der Persönlichkeit erfassen.

Häufig wird gefragt, ob und wieweit sich Unwahrhaftigkeit in der Schrift ausprägt, und der Auftraggeber möchte oft wissen, ob der Bewerber ehrlich sein wird. Fast jedes graphologische Lehrbuch gibt auf diese Frage eine oder mehrere – oft äußerst problematische – Antworten. Letztlich geht es ja hier darum, ob sich der Mensch bereit findet, die Normen unserer Gesellschaftsordnung – zu denen Wahrhaftigkeit und Ehrlichkeit gehören, anzuerkennen. Er kann aus sehr verschiedenen Gründen gegen diese Norm der Offenheit und Wahrhaftigkeit verstoßen, und er kann es in sehr verschiedener Form tun, in Formen, die wiederum von der Umwelt jeweils unterschiedlich bewertet werden. Machen wir uns nur einmal klar, daß es für die Unwahrhaftigkeit folgende Übergangsreihe gibt: Verschwiegenheit, Verschlossenheit, mißtrauisches Sichabdecken, Unaufrichtigkeit, Unwahrhaftigkeit, Heuchelei, Lügenhaftigkeit, Betrug. An welcher Stelle das unzulässige Verhalten beginnt, hängt einzig und allein von den Wertmaßstäben der Gesellschaft und des einzelnen ab. Besonders gefährlich aber ist eine

## Unwahrhaftigkeit und Ehrlichkeit im Ausdruck der Schrift

Bewertung vor allem, weil auch die Motive für die Unwahrhaftigkeit stark voneinander abweichen. Man kann zum Beispiel lügen, um den Partner nicht in die eigenen Karten schauen zu lassen; man kann aus Schwäche lügen; man kann lügen aus Angst oder weil sich die Grenzen von Phantasie und Wirklichkeit verwischen. Man kann aber auch aus Mangel an Wertbewußtscin lügen oder um sich bewußt einen persönlichen Vorteil zu verschaffen usw. usw.

Es liegt auf der Hand, daß es kein gemeinsames graphologisches Ausdrucksmittel für die vielen Formen und Motive der Unwahrhaftigkeit geben kann. Die Schrift verrät uns nur, ob gewisse Voraussetzungen (zum Beispiel die Schwäche, der Mangel an Hemmungen oder eine überwuchernde Phantasie) vorhanden sind, aus denen die Lüge entstehen könnte. Aus diesen Hinweisen geht aber keinesfalls hervor, ob der Mensch ein ausgeprägtes soziales Wertbewußtsein besitzt, das eventuell hemmend und mäßigend wirkt und die ungünstigen Voraussetzungen aufhebt. Wir wollen deshalb auf eine Tabelle der Unehrlichkeitsmerkmale verzichten und lediglich an zwei Schriftproben (deren Schreiber dem Autor bekannt sind) zeigen, wie weit man in einer Schrift Hinweise auf die Unwahrhaftigkeit finden kann. Vorausgeschickt sei, daß diese Hinweise am ehesten zu erkennen sind, wenn die Unwahrhaftigkeit zur Gewohnheit wurde und dementsprechend stark das Gesamtbild des Menschen bestimmt. Andererseits kann ein Mensch unehrlich sein, und die Schrift gibt dennoch keine sicheren Hinweise. Oder: Eine Schrift weist negative Zeichen auf, ohne daß der Schreiber unehrlich zu sein braucht. Eines aber gilt – wie Roda Wieser durch umfangreiches Studium von Verbrecherhandschriften feststellen konnte – als einigermaßen sicher: Bei notorischen Lügnern und vor allem bei Verbrechern ist der Grundrhythmus der Schrift weitgehend gestört.

Unwahrhaftigkeit bei niederem Formniveau. Die Schriftprobe 92 wurde in deutscher Schreibschrift geschrieben und zeigt deutlich Störungen des Grundrhythmus. Größe und Richtung der Einzelbuchstaben wechseln, es kommen Verkümmerungen vor, es sind ungleichmäßige Spannungen vorhanden und es gibt Bereicherungen ebenso wie Vereinfachungen und Vernachlässigungen. Verengungen, die bis zum Doppelstrich führen, stehen weit auseinandergezogenen Buchstaben gegenüber. Besonders auffällig sind die Ver-

**Soziales Wertbewußtsein**

146

klecksungen und Verschmierungen wie auch die überbetonten und zum Teil scharf gequerten Unterlängen. Die U-Bögen (Oberzeichen) zeigen mit ihren weiten Einrollungen deutlich die Neigung zum Verdecken. Man kann aufgrund dieser Merkmale – vor allem wenn man noch das niedere Formniveau berücksichtigt – auf ein ichbezogenes Vorteilsuchen schließen und auf das Bemühen, dieses negative Verhalten nach außen abzudecken und zu verbergen. Und in der Tat griff die Schreiberin immer dann zur Unaufrichtigkeit und Lüge, wenn sie in schwieriger Situation den eigenen Vorteil zu wahren versuchte.

Unwahrhaftigkeit bei gutem Niveau. Die Schriftprobe 93 zeigt rein ästhetisch gesehen ein gutes Niveau, der Ablaufrhythmus ist aber auch bei ihr gestört. Es fällt besonders auf, daß die Schriftform bis zur Fadenbindung abgeschliffen wurde. Die betonte Gliederung der Worte und Zeilen weist auf inneres Unbeteiligtsein hin, der breite Rechtsrand auf Vorsicht. Insgesamt kann man die Persönlichkeit als schwankend bezeichnen – aber daß dieser künstlerisch nicht unbegabte Mensch in einer schwierigen und belastenden Zeit zum Hochstapler wurde, der im Gefängnis endete, läßt sich aus der Schrift nicht ableiten. – Wir möchten deshalb

147

noch einmal dringend vor einer zu weitgehenden Ausdeutung der Schrift warnen.

## Wie weit ist die Schrift verstellbar?

Der Laie gibt sich gern der Vorstellung hin, es sei sehr leicht, die eigene Handschrift zu verstellen und sie so der Deutung unzugänglich zu machen. Stimmt diese Meinung wirklich, und wann müssen wir mit solchen Verstellungen rechnen? Allgemein wird ein Mensch nur dann versuchen, seine Schrift zu verstellen, wenn er glaubt, sie könnte einem Graphologen zur Deutung übergeben werden, und wenn er wünscht, daß man seine Schrift nicht erkennen möge. Das aber ist fast immer nur dann der Fall, wenn es um irgendeine Form der Fälschung geht. Selbst bei einem **Bewerbungsschreiben**, bei dem der Schreiber meist damit rechnet, daß seine Schrift beurteilt wird, verstellt der Mensch gewöhnlich seine Schrift nicht, sondern er wird nur versuchen, sie zu **verschönen**. Dieses Verschönerungsbemühen entspricht letztlich nur einer gesteigerten Selbstkontrolle beim Schreiben und verändert die Grundbestandteile und Merkmale der Schrift nicht so wesentlich, daß nicht noch genügend Möglichkeiten für die Deutung blieben. Eine Verstellung können wir erst vermuten, wenn der natürliche Rhythmus der Schrift gestört ist oder wenn Deutungsergebnisse verschiedener Merkmale sich widersprechen und nicht auf einen Nenner zu bringen sind.

Der Mensch kann zwar seine Schrift ohne weiteres verstellen, aber wir wissen andererseits genau, welche Merkmale bei diesem Bemühen vorwiegend umgeformt werden. Wir wissen weiterhin, welche Merkmale sich nahezu jeder bewußten Abwandlung entziehen, also erhalten bleiben und trotz aller Bemühungen um die Schriftänderung etwas vom Wesen des Menschen aussagen. Mit anderen Worten: Es ist so gut wie unmöglich, seine Schrift so zu ändern, daß eine Deutung unmöglich wird.

Die Frage der Schriftverstellung ist sehr eingehend untersucht worden, weil sie Grundlagen für den Schriftvergleich bietet. So haben die Graphologen Saudek, Müller, Schweikkert und Wittlich unabhängig voneinander Versuche durchgeführt, die zu folgenden Ergebnissen führten:

1. Ein Mensch, der seine Schrift verstellt, fällt häufig in die Schulschrift zurück, wobei er sich um eine besondere Schönschrift bemüht.

2. Er bringt Zusätze und Verschnörkelungen an oder vereinfacht die Schrift stark. In beiden Fällen werden vorwiegend folgende Merkmale abgeändert: die Schriftlage, die Schriftgröße, die Schriftweite (die Schrift wird meistens enger), der Schreibdruck und die Bindungsform. **Verstellte Merkmale**

Diese Merkmale sind – entsprechend der hier erfolgten Nennung – leicht zu verstellen, während alle übrigen Merkmale kaum abgeändert werden können und auch in einer verstellten Schrift weitgehend erhalten bleiben. Warum das so ist, erkennen wir sehr schnell, wenn wir die Ausgangssituation einer jeden Schriftverstellung beachten:

1. Verständlicherweise werden vor allem solche Merkmale abgewandelt, die dem Schreiber am meisten ins Auge fallen. Aus diesem Grund erstreckt sich die Abänderung in erster Linie auf die großen Buchstaben und erst in zweiter Linie auf die Kleinbuchstaben. **Großbuchstaben**

2. Je schwerer ein Schriftmerkmal bewußt zu formen, »herzustellen« ist, um so seltener wird es abgewandelt. Das aber trifft in besonderem Maße auf Merkmale zu, die sich ganz oder fast ganz der willentlichen Kontrolle entziehen, also besonders auf Schriftformen, die aus dem natürlichen Rhythmus des Schreibens entstehen. So ist es zum Beispiel außerordentlich schwierig, einen geringen Längenunterschied in einen großen zu verwandeln, während es auf der anderen Seite relativ leichtfällt, Großbuchstaben zu variieren, da sie einzeln an den Wortanfang gesetzt sind und dementsprechend aus dem Rhythmus herausgehoben werden. Weiterhin müssen wir bedenken, daß die Merkmale sich ja nicht isoliert, sondern im Zusammenhang herausbilden und daß eine Reihe von Merkmalen unbewußt stets die natürliche Form erhalten wird, gerade, wenn man das eine oder andere Merkmal bewußt verändern will.

Die Überlegungen und Erläuterungen zeigen deutlich, wie schwer es ist, eine Schrift wirklich gründlich zu verstellen. Ein guter Graphologe kann – wenn er die Schrift sehr genau untersucht – im wesentlichen angeben, welche Merkmale verstellt wurden.

**Ein Sonder-
problem:
Schriften von
Kindern und
Jugendlichen**

Auch Kinderschriften lassen sich, mindestens im Ansatz, deuten. Wir müssen uns nur klarwerden, welche Merkmale der Kinderschrift noch keine individuelle Ausprägung zeigen und welche trotz der Anlehnung an die Schulform aussagefähig sind. Um diese Frage beantworten zu können, müssen wir bedenken, daß das Kind in der Schule die »vorgeschriebenen« Buchstaben erst einzeln nachzuzeichnen lernt und sie sodann zu Wortgebilden zusammenfügt. Dieses Zusammenfügen verlangt bereits eine gewisse Schreibgewandtheit, die aber, wie gerade die Schriften der ersten Schuljahre immer wieder deutlich zeigen, bei Schulkindern letztlich doch noch sehr gering ist. Ein zügiger Schreibfluß kommt nicht zustande. Andererseits erscheinen schon in dieser Zeit die ersten individuellen Züge, die ersten Abwandlungen der vorgeschriebenen Schulform. Sie haben eine besondere Bedeutung, weil das Durchbrechen der Norm eine besonders starke Eigenständigkeit voraussetzt.

**Deutung vorwiegend
vom Bewegungsbild her**

In Kinderschriften werden vor allem die Merkmale des Bewegungsbildes sichtbar. Diese Merkmale lassen zwar – da die Schreibmittel noch nicht sicher beherrscht werden – nur eine vorsichtige, engbegrenzte Deutung zu, verraten aber doch schon etwas von der Entfaltung ursprünglicher Bewegungsimpulse. Kaum zu deuten sind hingegen die Merkmale des Raumbildes. Das Kind tastet sich noch unsicher vorwärts und hat sich noch nicht endgültig in den Lebensraum eingeordnet. Dementsprechend schwanken auch die Merkmale, die sich auf die Einordnung der Schrift in den Schreibraum beziehen. Am wenigsten Aufschluß gibt schließlich das Formbild. Mit anderen Worten: Die Frage nach der Formfestigkeit oder nach dem Formreichtum bei so wenig ausgeschriebenen Schriften kann weder nach der einen noch nach der anderen Richtung sicher beantwortet werden. Wir müssen also bei der Deutung der Kinderschrift vorwiegend vom Bewegungsbild ausgehen. Es ermöglicht unter Umständen sogar eine Deutung von Klein-Kinderschriften und Kinderkritzeleien. Diese frühesten »graphologischen Gestaltungen« sind in vielen Fällen besonders interessant, weil sie unmittelbar entstehen und nicht durch die Vorlage bestimmter Formen beeinflußt werden. Eine Warnung sei aber hier ausgesprochen: Die Merkmale einer Kinderschrift, die in erster Linie auf die Persönlichkeit hinweisen, dürfen nur sehr vorsichtig gedeutet werden, denn die kindliche Persönlichkeit ist ja noch nicht ausgereift und gefestigt. Sie befindet sich noch in der Entwicklung und ist deshalb Änderungen unterworfen, die sich auch im Schriftbild ausprägen. Fehldeutungen sind also sehr leicht möglich. Etwas sicherer lassen sich die ursprünglichen Anlagen erfassen, aber auch sie bleiben meist nicht in ihrer ursprünglichen Form erhalten, sondern werden durch die weitere Entwicklung geprägt und möglicherweise umgeformt.

Besonders günstige Deutungsvoraussetzungen schaffen wir uns, wenn wir die Schrift eines Kindes über die Entwicklungsjahre hinweg verfolgen. Wir sehen dann, wie sich verschiedene Neigungen in den verschiedenen Zeiten auswirken. Zum Beispiel können wir zunächst einen Zug zur Außenzuwendung beobachten, der sich recht kräftig durchsetzt, aber plötzlich verschwindet und durch eine Zurückbeziehung auf die Innenwelt ersetzt wird. Solche Erkenntnisse sind für das Verständnis des Entwicklungsablaufs sehr wesentlich. Das Verstehen des Entwicklungsprozesses wiederum kann uns die Erziehung erleichtern. – Grundsätzlich gelten bei der Analyse der Kinderschrift dieselben Deutungsprinzipien wie bei der Erwachsenenschrift – abgesehen von den aufgezählten Einschränkungen. Wir wollen das an ein paar Beispielen verdeutlichen.

Die folgenden Schriftproben stammen von Volksschülern des gleichen Jahrganges, die gerade aus der Schule entlassen wurden. Die Abbildungen 94–100 zeigen Schriften von Jungen, die Abbildungen 101–107 Schriften von Mädchen. Schon auf den ersten Blick fällt die außerordentliche Variationsbreite auf. Das ist um so aufschlußreicher, da alle Jugendlichen das Schreiben nach der gleichen Vorlage erlernten und dementsprechend eine annähernd gleiche Schreibübung besitzen. Gesagt sei noch, daß sämtliche Schriftproben einem Aufsatz entnommen wurden, den die Schüler auf unliniertem Papier schrieben. Die Kinder benutzten ihre eigenen Füllhalter. Die Zeilenlinien wurden nachträglich eingetragen, um die Zeilenführung deutlich sichtbar zu machen. Da die Proben nur die letzten Sätze des Aufsatzes wiedergeben, können wir erwarten, daß die Schüler eingeschrieben waren und dementsprechend die Schriften »gelöst« sind.

Sieben Jungenschriften. Sehen wir uns einmal die Schriften der sieben Jungen genau an (Schriftproben 94–100): Die Schriftgrößen sind sehr verschieden. 94 und 96 zeigen ausgesprochen große, 95 und 97 kleine Schriften. Die

**94**

n. Ich warf ihn
glitt majestätis
stolz darauf u

**95**

spann ich die Fassung fest.
pe. Dann schließe ich den Kat
te ich dann am Abend das Ut
ren Tag nehme ich Holz und

**96**

Prustend u. ku
alle angekomn
zuerst mal cu

**97**

Wir hatten uns verteilt in einem Kreis.
immer kleiner. Wir sahen den Hasen
da. Eins, zwei, drei! Und wir warfen
sehen ob wir ihn hatten. Nein, er ist.

übrigen Schriften sind mittelgroß. 94 und 96 haben einen betonten Rechtszug mit Rechtslage; vor allem 94 ist deutlich nach rechts geneigt. Bei 96 sind Wort- und Zeilenabstand relativ groß, und die Schrift wirkt ziemlich weit. 94 strebt zu einer engen Schrift, zugleich ist die Strichführung fast schlaff, und die Schrift zeigt wenig Spannung. Die Schrift von 96 erscheint gespannt, zum Teil auch etwas versteift. Diese Versteifungsmomente wird man aber bei Kinderschriften – insbesondere bei der raumausgreifenden Bewegung von 96 – als mangelnde Schreibroutine deuten müssen. Die Druckstärke läßt sich nicht sicher beurteilen, ist aber bei 96 immerhin stärker als bei 94. Die Zeilenführung gleicht sich bei beiden Schriften, das heißt, es sind hier wie dort deutliche Ansätze zu einer gehöhlten Zeile vorhanden.

All diese Bewegungsmerkmale lassen folgende Schlüsse zu: Beide Schreiber neigen zu einer weiträumigen Aktivität, die allerdings in jedem Fall eine andere Betonung trägt. Bei 94 ist es mehr die Bereitschaft, »dabeizusein«, in ungehemmtem Umweltkontakt mitzumachen und sich dabei unbekümmert zu entfalten. Von einer bewußten Zielstrebigkeit kann nicht die Rede sein. Der Schreiber ist nicht besonders eigenständig; seine Impulse schwingen frei und ungezwungen aus. Er setzt sich mit zuwenig Nachdruck ein und hat eine nur geringe Durchhaltekraft. Im ganzen zeigt aber sein Verhalten Beständigkeit: Erzieherisch müßte er im Sinne einer stärkeren Raffung seiner Kräfte beeinflußt werden. Pflege der Konzentration und der Selbstkontrolle sind bei ihm erwünscht. – Bei 96 hat die Aktivität eine nachdrücklichere und zielbewußtere Note. Der Schreiber verfolgt zäh seine Ziele, obwohl die Kräfte noch nicht ausreichen. Er nimmt sich immer wieder zusammen und überwacht sein Verhalten und Handeln. Die Schrift ist weniger verbunden und zeigt schon eigenständige Merkmale. Die Entwicklung läßt günstige Ansätze erkennen.

Auch die beiden kleinen Schriften unterscheiden sich deutlich: 95 hat eine scharfe Schrift, 97 eine teigige. Bei 95 ist die Schriftlage rechtsbetont, bei 97 fast steil. 95 schreibt eine mittelweite Schrift, 97 eng. Die Probe 95 hat keinen Rechtsrand, bei 97 ist der Rechtsrand breit. 95 zeigt deutliche Unregelmäßigkeiten, 97 schreibt ziemlich gleichmäßig. Die Druckstärke ähnelt sich bei beiden Schriften. Sowohl 95 wie 97 haben fallende Zeilen, die aber bei 95

**Umweltkontakt**

**Beständigkeit**

**Konzentration**

wellig und schwankend sind, bei 97 dagegen relativ gerade.

Die Deutung weist in folgende Richtung: 95 zeigt eine wenig feste, leicht beeindruckbare Natur, die sich lebhaft und voller Anspannung einsetzt, aber noch sehr richtungsunsicher ist. Die Frage, inwieweit dieser Junge Belastungen aushält und ob er Ausdauer besitzt, kann nicht beantwortet werden. Hingegen wird sichtbar, daß er sich leicht selbst überfordert. Mäßigende und richtungweisende Erziehungsmaßnahmen sind angebracht. 97 ist verhalten und vorsichtig. **Geringe Kraftreserven** Er besitzt nur geringe Kraftreserven, hat keine stärkeren Antriebe und beschäftigt sich vorwiegend ruhig und gründlich mit Einzelheiten. Im ganzen sind wenig Auftrieb und wenig Eigenständigkeit sichtbar. Der Erzieher sollte ihn anregen, leichte Aufgaben stellen und versuchen, **Selbstvertrauen** des Jungen Selbstvertrauen zu stärken.

Die letzten drei Jungenschriften unterscheiden sich vor allem durch die Zeilenführung. 98 hat nicht nur eine stark abfallende, sondern auch eine richtungsunsichere Zeilenführung. Bei 99 steigen die Zeilen stark an, bei 100 sind sie gerade. – Die Unsicherheit des Schriftbildes bei 98 deutet darauf hin, daß dieser Junge mit den Anforderungen, die an ihn gestellt werden, nicht fertig wird. Sein Bemühen bleibt hilflos, zeigt wenig Nachdruck (spannungsarm und druckschwach) und verrät kaum Eigenständigkeit oder Auftrieb. Der Schreiber ist Belastungen nicht gewachsen und flüchtet gern in die Illusion (weit aufschießende Oberlängen). Er kann im ganzen als willensschwach bezeichnet werden. Über seine Begabung läßt sich nichts sagen. – Der Erzieher muß zu große Anforderungen vermeiden! – Ein wiederum anderes Bild bietet die Probe 99. Allerdings darf die stark ansteigende Zeile keinesfalls als Hinweis auf gehobenes Lebensgefühl gedeutet werden, denn sie entsteht in dieser übertriebenen Form vorwiegend durch die Schräglage des Schreibblattes. Immerhin verrät die Bewegungsführung der Schrift ein stets gleichmäßiges Bemühen und Streben. Der Schreiber kann ferner als nüchtern-lebenspraktisch bezeichnet werden. Er ist bereit mitzumachen, entwickelt jedoch keine eigenständige Art. (Besondere Erziehungsmaßnahmen sind nicht nötig.) – 100 zeigt die am stärksten ausgeschriebene Schrift. (Der Schreiber ist zwei Jahre älter als seine Kameraden!) Er ist genügend zielgerichtet und weiß, was er will (Rechtszug mit gerader Zeile, gespannte Strichführung, mittlere Druckstärke). Antriebskräftig kann man ihn hingegen nicht nennen. Er bleibt eher etwas verhalten, hat sich aber gut in der Hand (hinreichend klare Gliederung, breiterer Rechtsrand). Die Schrift ist nicht allzu regelmäßig, aber ziemlich gut durchgeformt. Dementsprechend garantiert die Persönlichkeitsstruktur eine gewisse Leistungstüchtigkeit.

**Willensschwäche**

**Leistungstüchtig**

Über diese Deutungsansätze dürfen wir bei solchen nur wenig ausgeschriebenen Schriften Jugendlicher nicht hinausgehen. Vor allem müssen wir uns klar darüber sein, daß wir keine Aufschlüsse über besondere Begabungen erhalten und schon deshalb kein endgültiges Urteil fällen können. Andererseits geben aber bereits diese knappen Deutungsansätze wertvolle Hinweise für die weitere Erziehung. Werden die hier erarbeiteten Hinweise noch zusätzlich durch psychologische Tests untermauert, so haben die Eltern oder Lehrer recht gute Richtlinien der Erziehung. Für die sieben Jungen seien deshalb hier noch die Ergebnisse einer psychologischen Untersuchung der Begabung mitgeteilt: 94 gut durchschnittlich begabt; 95 recht gut begabt; 96 knapp durchschnittlich begabt; 97 mäßig begabt, schwerfällig; 98 schwach begabt, willensschwach; 99 durchschnittlich begabt; 100 gut begabt.

**Sieben Mädchenschriften**

Sieben Mädchenschriften. Die zweite Gruppe unserer Schriftproben stammt – wie schon gesagt wurde – von 14jährigen Mädchen, die gerade die Volksschule verließen. Diese Proben wurden ebenfalls kleinen Aufsätzen entnommen.

Die Schrift 101 ist ziemlich groß. Sie weist stark abfallende Zeilen auf. Die Buchstaben sind ausgesprochen steil und verraten einen geringen Bewegungsfluß. Die Strichbildung ist verhältnismäßig scharf, die Druckgebung nicht sehr stark. All diese Bewegungssymptome weisen auf eine innerlich wenig bewegte Natur hin. Die Antriebe sind gering.

**Geringe Antriebskraft**

Die Schreiberin tritt mehr auf der Stelle und kann sich nur schwer zu einem Ausgriff in die Umwelt aufraffen. Sie ist ungewandt, unbeholfen und wenig eigenständig, was zugleich auf eine geringe geistige Wendigkeit hindeutet. Dem entspricht auch, daß sich dieses Mädchen sehr stark an die Schulvorlage klammert. Die stark fallende Zeile ist weniger ein Merkmal der Lebensgrundstimmung als ein Symptom des »Mit-sich-geschehen-Lassens«. Die Schreiberin kann sich kaum aus eigener Kraft aufraffen. Im ganzen deuten diese Merkmale also auf eine passive, schwerfällige

Natur hin, die wenig selbständig ist und wahrscheinlich nur geringe Begabung besitzt. Der Erzieher muß Anreize geben, die Geschicklichkeit – vielleicht durch Spiele – fördern und versuchen, das Selbstvertrauen zu stärken.

In der zweiten Schrift 102 fällt die wechselnde Zeilenführung auf. Die Zeilen fallen leicht, zeigen aber andererseits auch Schwankungen, die manchmal zu wellenförmigen Ausprägungen führen. Die Schrift ist scharf bei mittlerer Druckstärke, leicht rechtsbetont und völlig an die Schulvorlage angelehnt. Die Deutung dieser Merkmale läßt auf eine Unsicherheit in der Zielverfolgung schließen, auf ein gutwilliges Bemühen mit nur kurzfristigen Impulsen. Die Schreiberin paßt sich weitgehend vorgeschriebenen Formen und aufgezeigten Möglichkeiten an. Wird etwas von ihr verlangt, so versucht sie, es zu erfüllen. Eine eigene Note aber entwickelt sie nicht. Der Erzieher muß ihr Ziele setzen und Aufgaben stellen, die sie gern erfüllen möchte.

**Unsicherheit**

Die Schrift 103 hat ebenfalls einen verharrenden Charakter, aber sie ist zugleich verhältnismäßig klar gestaltet. Die

Schriftstriche werden zwar steif, doch kraftvoll ausgeführt, die Druckstärke erscheint mittelkräftig, die Gliederung der Zeile ist übersichtlich, die Zeilenführung verhältnismäßig gerade. Auch hier verrät sich noch eine deutliche Anlehnung an das Vorbild. Die Schreiberin ist dementsprechend zwar nicht allzu eigenständig, entfaltet sich aber recht bestimmt und eindeutig. Sie zeigt eine gewisse Zielstrebigkeit und die Bereitschaft, sich im Sinne eines Leitbildes einzusetzen. Die Festigkeit der Struktur läßt auf eine beachtliche Leistungsfähigkeit schließen. Besondere Erziehungsmaßnahmen sind nicht nötig.

Die Schrift 104 verrät ziemlich ausgeprägte Eigenständigkeit, wahrscheinlich, weil die Schreiberin um zwei Jahre älter ist als ihre Freundinnen. Vergleichen wir allerdings diese Schrift mit der Schriftprobe des gleichaltrigen Jungen 100, so zeigt sich hier doch eine geringere Eigenständigkeit. Der dynamische Impuls ist im ganzen schwächer, ebenso der innere Auftrieb.

104

Die Schreiberin wird also kaum über eine durchschnittliche Leistungsfähigkeit hinauskommen. Die Zeile ist gehöhlt; sie sinkt zunächst etwas ab und steigt dann allmählich wieder an. Das deutet darauf hin, daß die Schreiberin eine gewisse Neigung zum Sichgehenlassen hat. Es gelingt ihr aber immer wieder, sich erneut zusammenzuraffen und wieder stärker anzuspannen. Bestätigt wird dieses Deutungsergebnis weitgehend durch den nur mittel-starken Schreibdruck, der ebenfalls eine nur mittel-kräftige Energieentfaltung verrät. Bedenkt man das Alter der Schreiberin (16 Jahre), so können wir diese Schrift kaum günstig beurteilen.

Die Schrift 105 zeigt verhältnismäßig große Selbständigkeit und Natürlichkeit. Hier machen sich deutlich stärkere Antriebe bemerkbar, die zum Beispiel auch zu Abweichungen von der Schulschrift führen. Andererseits fehlt noch die klare Linie. Der Schreiberin gelingt es noch nicht, sich eindeutig auf ein Ziel auszurichten und ihre Kräfte zu

steuern und zu konzentrieren. Sie ist unbekümmert im Zupacken und damit auch abhängig von den Anreizen der
Situation. Die Unbeständigkeit schränkt ihre Leistungsfähigkeit recht merkbar ein. Im ganzen stehen aber genügend Antriebskräfte für eine weitere Entfaltung zur Verfügung. Allerdings wird diese Entfaltung und Weiterent-
wicklung gegebener Möglichkeiten nie sehr vielseitig sein.

Die Schrift 106 ist auffallend klein und regelmäßig. Die
Strichführung muß als gespannt, die Strichbildung als
scharf bezeichnet werden. Die Schrift weist dementsprechend auf eine merkliche Willensanspannung und eine begrenzte Belastbarkeit hin. Fähigkeit zur Konzentration ist
ein weiteres Wesensmerkmal. Es verrät, daß die Schreiberin
gestellte Aufgaben sehr genau durchdenkt. Insgesamt kann

man sagen: Die Persönlichkeitsstruktur ist – trotz des geringen Alters der Schreiberin straff und außerordentlich
klar. Die Entwicklungsmöglichkeiten sind gut und werden
höchstens dadurch eingeschränkt, daß das Mädchen keine
allzu großen Belastungen erträgt.
Die Schrift 107 zeigt Schwankungen der Schriftlage. Die
einzelnen Buchstaben sind teils rechts geneigt, teils stehen
sie mehr oder weniger aufrecht. Auch die Zeilenführung
schwankt, und die Unterlängen sind weitgehend verkümmert. Faßt man diese Merkmale zusammen, so muß man
auf eine geringe innere Festigkeit bei schwacher vitaler Basis schließen. Daß einzelne Buchstabenformen primitive

Sie machten. Dort
um Anzuziehen.
als es garnis wäh
meiner Tante hin

Abweichungen von der Schulvorlage aufweisen, deutet nicht auf eine eigenständige Entwicklung, sondern auf Nachlässigkeit und zugleich auf ein geringes geistiges Niveau hin. Durch die Unsicherheit des Wollens und die mangelnde Zielstrebigkeit wird die Schreiberin weitgehend von den Einflüssen der Umwelt abhängig. Vermutlich kommt diese Verhaltensweise zustande, weil das Mädchen nur wenig begabt ist. Der Erzieher muß auf negative Umwelteinflüsse achten.

Alle Vermutungen über Begabungen und Fähigkeiten haben, wie gesagt, nur dann einen wirklichen Wert, wenn sie durch psychologische Untersuchungen bestätigt werden. Da auch diese Mädchen **Begabungstests** unterworfen wurden, wollen wir die Ergebnisse hier angeben. Sie besagen in Kurzform:

101 im ganzen recht gut begabt, aber nicht sehr beweglich im Denken; 102 mäßig begabt und wenig beweglich; 103 gut durchschnittlich begabt und recht beweglich; 104 durchschnittlich begabt, nicht sehr beweglich; 105 durchschnittlich begabt; 106 durchschnittlich begabt und beweglich im Denken; 107 schwach begabt und schwerfällig in der Auffassung.

Es wird dem Leser empfohlen, für diese Kinder einmal eine Rangreihe nach der Begabung aufzustellen und dann die Ergebnisse der graphologischen Deutung daneben zu schreiben. Er wird dann die Bedeutung der Graphologie unmittelbar erleben.

# Anwendungsmöglichkeiten der Graphologie

Wir haben mit den Kinderschriften bereits auf die Anwendung der Graphologie im Rahmen der Erziehung hingewiesen. Es ergab sich bei diesen Jugendlichen, die gerade die Volksschule beendet hatten, schon eine Reihe von Hinweisen für die Berufswahl.

Im Berufsleben spielt die Graphologie nach wie vor eine erhebliche Rolle bei der Personalauslese.

Jeder verantwortungsbewußte Personalchef einer Firma wird sich vor der Neueinstellung eines Bewerbers fragen, ob der betreffende Mensch der vorgesehenen Position und Aufgabe gewachsen ist. Die Graphologie hilft ohne Zweifel, diese Frage zu beantworten – allerdings unter der Voraussetzung: Die Schriftprobe muß eine voll ausgeschriebene Handschrift zeigen. Stammt die Probe von einem Menschen, der noch nicht die volle Schreibreife erreicht hat, so führt die Deutung nicht zu sicheren Ergebnissen. Schriften von vorwiegend körperlich tätigen Menschen wie auch von Lehrlingen sollten also nicht für graphologische Gutachten verwendet werden. Von dieser Ausnahme abgesehen ist jede Schrift im Hinblick auf die beruflichen Fähigkeiten und Einsatzmöglichkeiten deutbar. Da die Schriftanalyse in diesem Fall den Lebensweg und die Berufsmöglichkeiten des betreffenden Menschen wesentlich beeinflussen kann, muß jedoch die Deutung dem Fachmann vorbehalten bleiben, einem Fachmann, der zugleich die Anforderungen der entsprechenden Berufstätigkeit genau kennt. Diese Kenntnis wird nur durch eine genaue psychologische Analyse der Arbeitsverhältnisse gewährleistet. Erst wenn alle Anforderungen bekannt sind und wenn aus der Schrift die persönlichen Fähigkeiten und Einsatzmöglichkeiten des Schreibers ermittelt wurden, kann man die Leistungsmöglichkeiten und Anforderungen richtig aufeinander abstimmen. Strenggenommen kann also nur ein erfahrener Betriebspsycho-

**Erziehung und Berufswahl**

**Personalauslese**

**Berufsmöglichkeiten**

loge, der die Arbeitsplätze kennt und die Graphologie beherrscht, ein einwandfreies Personal-Gutachten abgeben. Ausnahmsweise darf eine solche Untersuchung auch in Zusammenarbeit des Betriebs- oder Personalleiters mit dem entsprechenden Graphologen erfolgen. Das setzt aber voraus, daß beide auf ihrem Gebiet Experten sind und wirklich Hand in Hand zu arbeiten verstehen. Im Interesse der Menschen und der Firmen muß vor einer Deutung der Schrift im Liebhaberstil gewarnt werden. Diese Warnung sollte um so mehr beachtet werden, wenn der Bewerber sich noch nicht persönlich vorstellte, so daß kein Vergleich zwischen Deutungsergebnis und persönlichem Eindruck möglich ist. Mit anderen Worten: Höchstens ein Fachmann darf allein auf Grund graphologischer Beurteilungen eine Vorauslese treffen. Zur allgemeinen Orientierung sei hier aber andererseits gesagt, daß sich die Verfahren graphologischer Personalauslese weitgehend eingespielt haben und dort, wo sie richtig angewandt werden, auch zu den entsprechenden Erfolgen führen.

Es sollte auch im Interesse des Bewerbers liegen, daß eine Schriftanalyse vorgenommen wird und das Urteil über seine Einstellung nicht nur dem persönlichen Eindruck überlassen bleibt. Es kann jedoch nicht in seinem Interesse liegen, seine Schrift zu verschönen oder zu verstellen. Selbst wenn das dem Graphologen nicht auffällt, würde es auf Dauer dem Bewerber kaum nützen, eine Stelle zu erhalten, deren Anforderungen er nicht zu erfüllen vermag. Das Beste, was dem Bewerber passieren kann, ist die richtige Deutung seiner Handschrift. Aber jeder Mensch kann sich einmal irren. Der Verfasser dieses Buches, der lange Jahre Personalchef eines Großunternehmens war, kann jedoch bestätigen, daß er häufiger Fehler ohne als mit Graphologie gemacht hat.

Eine weitere Anwendungsmöglichkeit der Graphologie liegt in den Gutachten für das Gericht. Meist wird hier nicht die Graphologie allein zu Rate gezogen, sondern mit anderen psychologisch-diagnostischen Methoden gekoppelt, wenn der Psychologe die Graphologie beherrscht.

Dasselbe gilt im großen und ganzen für die klinische Psychologie, die sich mit psychosomatischen und neurotischen Erscheinungen bei Kindern und Erwachsenen befaßt und die ebenfalls die Graphologie in andere Untersuchungsverfahren einbauen kann.

Als Ergänzung der allgemeinen Menschenkenntnis kann die Graphologie – auch wenn sie nicht betont fachmännisch, sondern mehr als Liebhaberei betrieben wird – eine nützliche Rolle spielen. So stellen sich etwa folgende Fragen: Warum ist der Nachbar kürzlich bei einer im Grunde doch harmlosen Auseinandersetzung plötzlich so scharf geworden? Warum entstehen in den Beziehungen zu einem guten Freund immer wieder Schwierigkeiten und Spannungen? Warum unterlaufen dem Kollegen A bei der Organisation seiner Arbeit so leicht Fehler, und warum überschreitet der Kollege B so oft seine eigene Zuständigkeit, warum mischt er sich in den Aufgabenbereich anderer Mitarbeiter ein?

Solche und ähnliche Erscheinungen bewegen uns täglich. Und wir neigen alle dazu, schnell ein Urteil zu fällen und das Verhalten anderer positiv oder negativ einzuschätzen, je nachdem, ob es unseren eigenen Absichten, unseren Vorstellungen und unserem Leitbild entspricht oder nicht.

Aber die Schrift gibt uns nicht nur Aufschlüsse über fremde Menschen, sie trägt ebensogut zur Selbsterkenntnis bei. In beiden Fällen ist die Ausgangsposition gleich, das heißt, bei dem Bemühen um Selbsterkenntnis versuchen wir ebenfalls, vom Verhalten und Handeln – nämlich von unserem eigenen Verhalten und Handeln – auf das eigentliche Wesen des Menschen zu schließen. So können wir also Schriftstücke untersuchen, die wir zu verschiedenen Zeiten, unter verschiedenen Bedingungen und ohne Rücksicht auf eine Deutung (also ohne Beeinflussung) geschrieben haben. Oft wird es sicher schwierig sein, die erkannten Merkmale zu deuten, denn hier wird nun von selbst höchste Objektivität verlangt – und wer kann sich schon selbst objektiv beurteilen? Denken wir nur an das Formniveau! Viele von uns werden das Formniveau ihrer eigenen Schrift negativ beurteilen müssen – aber tun sie es auch wirklich? Ihnen sei gesagt: Nur wenn wir bereit sind, Schwächen zuzugeben, gelangen wir zu einem echten Verständnis für das eigene Wesen, nur dann gewinnt man Selbsterkenntnis!

Wie sieht das aber in der Praxis der Schriftdeutung aus? Wir erfassen zunächst eine Reihe von Symptomen und ihren Ausprägungsgrad. So läßt sich zum Beispiel leicht feststellen, ob eine Schrift groß oder klein ist. Und wenn wir wissen, daß wir eine große Schrift haben, so können wir auch sagen, daß wir dazu neigen, einen größeren Raum zu beanspruchen. Ob aber dieser Raumanspruch positiv

## Allgemeine Menschenkenntnis

## Selbsterkenntnis

**Die Graphologie ermöglicht die Beobachtung der eigenen Entwicklung**

oder negativ bewertet werden muß, das ist eine ganz andere Frage. Unser Urteil wird wahrscheinlich – selbst bei dem größten Bemühen – nicht sehr objektiv sein. Deshalb brauchen wir jedoch die Flinte noch nicht ins Korn zu werfen. Denn durchdenken wir die Deutungsergebnisse sämtlicher Schriftsymptome, so erhalten wir schließlich doch noch Hinweise, die das Verständnis für unsere eigene Person fördern.

**Die gegenseitige Unterstützung der Symptome macht die Erkenntnis sicherer**

Das Erkennen des eigenen Wesens spielt für unser ganzes Leben eine entscheidende Rolle, denn wir können auch den Mitmenschen nur verstehen, wenn wir etwas Selbsterkenntnis besitzen. Umgekehrt verstehen wir uns selbst nur aus dem Erkennen und dem Verstehen anderer Menschen und ihrer Eigentümlichkeiten.

Erst wenn ich mich selbst erkenne, kann ich ermitteln, welchen persönlichen Neigungen ich folge, sobald ich einen anderen Menschen beurteile. Bin ich zum Beispiel ein sehr temperamentvoller Mensch, so werde ich dazu neigen, einen Menschen von ruhigem Temperament zu unterschätzen. Er erscheint mir schon fast »temperamentslahm«. Ein anderer Beobachter aber, der selbst ruhiger ist, wird ihn wesentlich frischer beurteilen.

**Das Problem des objektiven Maßstabs**

Diese Maßstabänderungen treten immer wieder bei der Beurteilung anderer Menschen auf. Sie müssen nach Möglichkeit ausgeglichen und bei allen Berechnungen einkalkuliert werden.

An dieser Stelle sei noch erwähnt, daß vor allem ein Vergleich von *Text-Schrift* und *Unterschrift* Rückschlüsse auf die Lebenseinstellung zuläßt. Die Text-Schrift weist in erster Linie auf das Persönlichkeitsbild des Betreffenden hin, verrät also, was er ist, die Unterschrift hingegen wird vom Leitbild bestimmt und zeigt dementsprechend an, was der Mensch gern sein möchte. Stellen wir so in der eigenen Schrift Leitbild und Persönlichkeitsbild gegenüber, erhalten wir Einsichten, die nicht nur für die Deutung der Lebensführung, sondern auch für die Ergründung der eigenen Einstellungen und Urteile wertvoll sind. Die Selbsterkenntnis und damit ebenfalls die allgemeine Menschenkenntnis werden auf diese Weise gefördert.

# Was sagt die Wissenschaft dazu?

Wir haben im Eingangskapitel die Entwicklung der Graphologie von den ersten Versuchen, beobachtete Merkmale des Schreibens mit beobachteten Charaktereigenschaften in Übereinstimmung zu bringen, bis zur Systematisierung und Verwissenschaftlichung der Deutung kurz angesprochen. Wir haben dann das System der Merkmale und das Verfahren der Deutung dargestellt.

Nun ergibt sich aber die Frage – und sie wird immer wieder lebhaft diskutiert: Ist das alles tragfähig und ist das eigentlich wissenschaftlich?

Von der Psychologie her gesehen, gehört die Graphologie zu den Methoden der Diagnostik, wie die psychologischen Tests, die Lebenslaufanalyse, die Exploration u. a. Sie muß sich deshalb auch den für die Diagnostik entwickelten Kriterien der Reliabilität und Validität stellen.

**Graphologie als Methode der Psycho-Diagnostik**

In der Tat sind nun im letzten Jahrzehnt eine große Zahl von Untersuchungen durchgeführt worden, die mittels modernster Methoden, wie etwa der Faktorenanalyse, der Frage nachgegangen sind, ob die Graphologie zu zuverlässigen und gültigen Aussagen kommen kann.

**Faktorenanalyse**

Wir können diese Ergebnisse nicht vollständig referieren, wollen aber auf einige Probleme eingehen, die uns aufweisen können, ob man die Graphologie zur Wissenschaft rechnen kann oder ob sie eine Kunst bleibt, die von der Intuition des einzelnen Deuters in ihren Ergebnissen abhängt.

Als erstes Ergebnis dieser Untersuchungen ist zu nennen, daß graphologische Einzelmerkmale (übrigens ähnlich wie die Ergebnisse von Einzeltests) kaum eine überzeugende Beziehung zu einzelnen Persönlichkeitsmerkmalen haben. Die Korrelationen, die ein Maß für diese Beziehungen darstellen, liegen weitgehend in der Nähe von Null. Das bestätigt aber unsere obengenannte grundsätzliche Forderung, nicht Einzelmerkmale auf einzelne Eigenschaften hin zu in-

**Einzelmerkmale sagen wenig aus**

terpretieren, sondern die Interpretation immer vom Ganzen der Persönlichkeit her vorzunehmen. Das schließt aber das Deutungsangebot mancher Graphologen aus, die auch heute noch die Einzeldeutung propagieren; und das erfordert in jedem Einzelfall das Durchdenken der psychologischen Zusammenhänge. Die entscheidende Frage betrifft aber die Reliabilität und Validität.

## Reliabilität

Hiermit ist die Zuverlässigkeit der Aussage gemeint, die im doppelten Sinn problematisch werden kann. Einmal ist es denkbar, daß die Erfassung der Schriftmerkmale unsicher ist, weil Erhebungen zu verschiedener Zeit bzw. durch verschiedene Deuter zu unterschiedlichen Ergebnissen führen können.

Wenn das der Fall wäre, müßten auch die Deutungen zu verschiedenen Zeiten oder von verschiedenen Deutern unterschiedlich sein, d. h. aber, daß sie nichts besagen würden. Schneevoigt referiert in seiner Arbeit 11 Untersuchungen zur Reliabilität, die sowohl für gemessene wie für ge-

**Die Merkmale lassen sich sicher erfassen**

schätzte Merkmale eine hinreichende Sicherheit der Erfassung ergaben. Fischer kam darüber hinaus zu dem Ergebnis, daß Schriften, die im Normalzustand, und solche, die in Eile geschrieben wurden, dieselbe Faktorenstruktur aufwiesen, d. h. also deutbar waren.

**Die Schreibbedingungen sind nicht entscheidend**

Ähnlich ermittelten Hofsommer, Holdsworth und Seifert, daß eine hohe Deutungsübereinstimmung bei Schriften, die mit Tinte geschrieben wurden, und Bleistiftschriften bestand. Ebenso machte es keinen entscheidenden Unterschied, ob es sich um die normale Schrift oder um die »Sonntagsschrift« handelte. Gerade bei den letzten, die etwa bewußt überwacht in Lebensläufen bei Bewerbungen geschrieben werden, vermutet der Laie unberechtigterweise eine entscheidende Verschiebung der Deutung.

**Verschiedene Deuter kommen zum gleichen Ergebnis**

Der zweite Aspekt betrifft die Frage, ob die Ausdeutung der erfaßten Merkmale so weit eindeutig ist, daß bei Wiederholungen oder bei verschiedenen Deutern die gleichen Ergebnisse zutage kommen. Dazu hat Wallner eine Untersuchung vorgelegt, die die Übereinstimmung der Beurteilung desselben Schriftmaterials durch 6 Graphologen, die unabhängig voneinander arbeiteten, nachweist. Dieses Problem stellt bei hinreichender Qualifikation der Gutachter die graphologische Deutung nicht in Frage.

Diese letzte Frage wird oft bereits zum Problem der Validität gerechnet. Wir meinen hier die Frage, ob die Aussagen und Schlußfolgerungen, die aus der Deutung der Schrift abgeleitet werden, objektiv richtig sind. Dabei stellt sich sofort die Frage, an welchen Kriterien man diese Aussagen messen kann und will. Genaugenommen gibt es keine eindeutig sichere Aussage über die Persönlichkeit unseres Mitmenschen. Die Verhaltungsbeobachtungen der Mitmenschen oder Vorgesetzten sind ebenso subjektiv oder von Einzelbeobachtungen abgeleitet wie die Selbsteinschätzung. Wenn also der Empfänger eines Gutachtens über sich selbst sagt, daß alles stimme oder einiges nicht stimme, so bleibt völlig offen, was richtig ist, seine subjektive Meinung oder die Aussage des Graphologen. Das gilt für alle anderen Aussagen, also der Vorgesetzten, der Partner usw. ebenfalls. Man hat deshalb versucht, als Vergleichskriterium die Ergebnisse psychologischer Tests heranzuziehen. Da es hier eine große Zahl gut fundierter Tests gibt, kann man diesem Vergleich eine erhebliche Bedeutung beimessen. Das gilt insbesondere für Intelligenz- und Leistungstests, während die Schwierigkeit bei Persönlichkeitstests in der Definition der Persönlichkeitsvariablen liegt. So hat z. B. Schneevoigt in einer umfassenden Untersuchung nachgewiesen, daß es möglich ist, von der Handschrift her mindestens das allgemeine Intelligenzniveau mit genügender Sicherheit zu bestimmen. »Dem Schluß von Allport und Vernon, 1933, daß die Handschrift einen im wesentlichen stabilen und konstanten Stil und eine – bestimmte – Übereinstimmung mit Persönlichkeitsvariablen (Intelligenz) hat, kann man sich anschließen« (Schneevoigt). Dagegen erscheint uns die Behauptung von Hofsommer und Holdsworth, die Graphologie reiche zur Auswahl von zukünftigen Piloten aus, nicht genügend gesichert. Zwar haben sie auf Kriterien abgestellt, die für diesen Beruf wichtig sein dürften, Belastbarkeit, Arbeitsweise und soziale Anpassung. Als Bewährungskriterien sind aber nur Ausbildungsergebnisse herangezogen worden, und die Korrelation liegt bei 0.36, was nach unserer Auffassung einen zu hohen Unsicherheitsgrad beinhaltet.

Ähnlich unsichere und z. T. sich widersprechende Ergebnisse sind bei anderen Untersuchungen zutage gekommen. Deshalb ist die Diskussion um die Frage, ob die Graphologie »richtige« Ergebnisse ermittle, immer noch im Gange

**Woran mißt man die Richtigkeit der Aussage?**

**Warum wir die Richtigkeit der Deutung nicht beweisen können**

167

und wird wohl auch kaum befriedigend abgeschlossen werden können. Das hat bestimmte Gründe. Wir sind nicht der gelegentlich vertretenen Meinung, daß selbst im beruflichen Feld, wo noch am ehesten eine Tendenz zur Versachlichung wirksam ist, keine sachgerechten Aussagen zustande kommen können, weil jeder Vorgesetzte nur beurteile, ob der Betreffende seinen Erwartungen entspreche, aber nicht, ob er objektiv die eine oder andere Eigenschaft oder eine bestimmte Persönlichkeitsstruktur habe. Es gibt eine ausreichende Anzahl von graphologisch beurteilten Fällen in der Wirtschaft, über die nicht nur das (subjektive) Urteil eines Vorgesetzten vorliegt. So können Urteile verschiedener Personen, mit denen ein Mitarbeiter verantwortlich zusammenarbeitete, zusammengefaßt und verglichen werden. Es können Leistungsergebnisse nach kritischer Sichtung einigermaßen sicher erfaßt werden. Und es kann das Bouquet von Symptomen – der Beobachtung oder der Leistung – psychologisch sinnvoll interpretiert werden. Das müßte für eine Beurteilung der Frage nach der richtigen oder falschen Prognose durch die Graphologie ausreichen. Aber über diese Fälle, die gegebenenfalls der Unternehmensleitung durchaus bekannt sind, spricht man um so weniger, je höher die Position des Betreffenden ist. Und erst von einem bestimmten hierarchischen Niveau an sind die genannten Voraussetzungen gegeben. Wer die Praxis kennt, wird diese Diskretion zu schätzen wissen und bejahen.

Der Verfasser, dem solche Fälle in nicht geringer Zahl bekannt sind, kann deshalb auch keine Validitätsuntersuchung durchführen; er kann nur bestätigen, daß es mit der Validität graphologischer Beurteilungen nicht gar so schlecht steht, wie manche meinen.

Andere Erkenntnisse aus den zahlreichen Untersuchungen sind aber für die praktische Deutung besonders ergiebig:

**Bestätigung des Grundansatzes**

Bedeutsam für unseren Grundansatz sind die Ergebnisse einer Faktorenanalyse von Th. Seifert. Er faßt die von ihm ermittelten Faktoren zu folgenden 3 Gruppen zusammen:
Antriebsseite der Bewegung
Steuerung der Bewegung
Richtungstendenz der Bewegung
und nimmt diese als Merkmale der Grundstruktur der Schrift. Es liegt aber nahe, daß diese 3 Generalfaktoren den Aspekten
des Bewegungsbildes

Raumbildes und Formbildes
entsprechen, die wir zur Grundlage unserer Deutungspraxis gemacht haben. Diese empirische Bestätigung eines theoretischen Ansatzes halten wir für sehr bedeutsam.
Darüber hinaus haben sich bei diesen Untersuchungen eine Reihe von Erkenntnissen ergeben, die auch für die praktische Deutung wichtig sind und von denen wir einige im folgenden mitteilen:

12 Graphologen berücksichtigten folgende Schriftmerkmale in der Reihenfolge der Häufigkeit (nach Schneevoigt):
Ausprägung des Formbildes
Ausprägung des Bewegungsbildes
Ausprägung des Raumbildes
Originalität der Formen
Vereinfachung
Formenreichtum
Strichgeschwindigkeit
Verbundenheitsgrad
Zeilenabstand
Wortabstand

**Bedeutung der Schriftmerkmale für die Intelligenzdiagnose**

**Wichtige Merkmale für die Intelligenzdiagnose**

Es empfiehlt sich, unter diesem empirisch gefundenen Aspekt noch einmal die zu diesen Merkmalen gegebenen Deutungstabellen zu studieren. Man wird dann einerseits eine Bestätigung und Differenzierung finden, zum anderen aber auch sehen, daß die Merkmale der Intelligenz eingebettet sind in andere Strukturmerkmale der Persönlichkeit. So bedeutet etwa der Sinn für Distanz sowohl eine Neigung zum kritischen Denken wie ein reserviertes Verhalten dem Menschen gegenüber. Das Merkmal wird also in verschiedenen Persönlichkeitsdimensionen wirksam.

**Intelligenz ist eingebettet in die Persönlichkeitsstruktur**

Th. Seifert hat in einer breitangelegten Faktorenanalyse 8 Faktoren (Raumordnungs-, Antriebs-, Form-, Steuerungs-, Spannungs-, Durchsetzungs-, Expansions-, Störungsfaktor) ermittelt, unter denen sich bestimmte Merkmalsgruppen zusammenfassen lassen. Damit sind aber auch bestimmte Deutungsaspekte wissenschaftlich-statistisch gesichert, die dann auf diesem Hintergrund in der Einzeldeutung weiter differenziert werden können. Für unseren Vorschlag, bei der Deutung von allgemeinen Richtungen

**Merkmalsgruppen**

**Wissenschaftlich begründete Merkmalssyndrome**

zu Einzeldeutungen zu gehen (und nicht umgekehrt), bedeutet diese wissenschaftliche Absicherung aber die Verifizierung der Grundrichtung.

Zum andern ergibt sich noch ein weiterer Aspekt: Wenn diese Merkmalsgruppen im Einzelfall nicht zusammen oder unterstützend auftreten, dann hat das Herausfallen eines oder mehrerer Merkmale eine besondere Bedeutung, die einen neuen Aspekt in die Deutung zu bringen vermag. Gerade das Abweichen vom Normalen und statistisch Gesicherten sollte in der Deutung nicht vernachlässigt, sondern ausdrücklich untersucht werden.

## Der Einfluß besonderer Belastungen auf die Handschrift

Ein bemerkenswertes Ergebnis teilt Maria Paul-Mengelberg mit. Sie untersuchte die Schriften von vier unterschiedlichen Personengruppen:

Gruppe A. Menschen mit langer Kriegsteilnahme und Kriegsgefangenschaft in Rußland

Gruppe B. Menschen, die lange Zeit im Konzentrationslager, im Ghetto oder in der Illegalität lebten

Gruppe C. Unauffällige, in beruflicher und sozialer Hinsicht angepaßte Menschen

Gruppe D. Zwangsneurotiker

Die Schriften wurden nach 16 Merkmalen untersucht, die mit folgender Häufigkeit in 50 Wörtern auftraten:

**Störmerkmale der Schrift**

| Merkmale | A | B | C | D |
|---|---|---|---|---|
| 1. unmotiv. Unterbrech. | ++ | ++ | o | + |
| 2. Anflickungen | ++ | +++ | o | + |
| 3. lange Anstriche | ++ | o | + | +++ |
| 4. Aussetzen des Strichs | +++ | o | o | ++ |
| 5. Verbiegungen | + | ++ | o | +++ |
| 6. Tremor | ++ | +++ | o | + |
| 7. Ataxien | +++ | ++ | o | + |
| 8. partielle Verkümmerungen | +++ | + | o | ++ |
| 9. Übertreibungen | +++ | ++ | o | + |
| 10. ausgespr. Linksläufigk. | + | +++ | o | ++ |
| 11. ausgespr. Rechtsläufigk. | ++ | +++ | + | o |
| 12. Verschreibungen | ++ | +++ | o | + |
| 13. Korrekturen | ++ | +++ | o | + |
| 14. Auslassungen | + | ++ | o | +++ |
| 15. Unterbr. z. Anbr. d. Oberz. | +++ | + | o | + |
| 16. Verklecksungen | +++ | ++ | + | o |

Das bedeutet, daß sich die Gruppen ganz deutlich voneinander abheben. Diese Unterschiede müssen aber aufgrund der Umwelteinflüsse und Erlebnisse entstanden sein, weil eine zufällige Unterschiedlichkeit in den Persönlichkeitsstrukturen dieser Gruppen ganz unwahrscheinlich ist. Auch die Zwangsneurose wird man weniger auf Anlagen als auf mißglückte Erlebnisverarbeitung zurückführen müssen. Das bedeutet dann aber, daß sich nach längerer Beeinflussung durch die Umwelt mit dem Zwang zu einer bestimmten, in Hinsicht auf die Persönlichkeitsentfaltung negativen Erlebnisverarbeitung die Persönlichkeit ändert und mit ihr die Schrift. Diese Änderung der Schriften wird von PaulMengelberg in eindrucksvoller Weise durch reichhaltige Beispiele veranschaulicht. Die Frage stellt sich nun aber, was sich in den Persönlichkeiten geändert hat, so daß es zu dieser Veränderung der Schriftbilder kam.

Das ist durch eine Faktorenanalyse geklärt worden, die folgendes ergab:

|  | Bedeutung | graphologische Merkmale |
|---|---|---|
| *Gruppe A* | | |
| Faktor I | Unsicherheit mit einer leicht pathologischen Akzentuierung | Verschreibungen Korrekturen (Verbiegungen) (Tremor) |
| Faktor II | Störungsfaktor der Steuerung | Auslassungen Rechtsläufigkeiten Verkümmerungen (Unterbrechungen z. Anbr. d. Oberzeichen) |
| Faktor III | Gegeneinander von Antrieb und Gestautheit | Unterbrechungen Linksläufigkeiten Übertreibungen (Verkümmerungen) |
| Faktor IV | Störung der Kontinuität | Aussetzen des Strichs Anflickungen Verbiegungen Tremor (Ataxien) |

|  | Bedeutung | graphologische Merkmale |
|---|---|---|

**Gruppe der politisch Verfolgten**

*Gruppe B*

| | | |
|---|---|---|
| Faktor I | Störung der Bewegungsführung (Steuerung) | Anflickungen<br>Verbiegungen<br>Tremor<br>(Unterbrechungen)<br>(Verschreibungen) |
| Faktor II | Unsicherheitsfaktor | Korrekturen<br>Verschreibungen<br>(Unterbrechungen)<br>(Verkümmerungen) |
| Faktor III | Unruhefaktor | Unterbrechungen<br>Rechtsläufigkeiten<br>Unterbrechungen z. Anbr. d. Oberzeichen<br>(Partielle Verkümmerungen) |
| Faktor IV | Pathologische Störung | Aussetzen des Strichs<br>(Ataxien)<br>(Anflickungen)<br>(Linksläufigkeiten) |

**Normalgruppe**

*Gruppe C*

Die Faktorenanalyse im einzelnen ist nicht interessant, weil die Merkmale nach der Tabelle sehr selten vorkommen. Bemerkenswert ist höchstens, daß die Faktorenanalyse zu 6 Faktoren führt, von denen keiner ein besonderes Gewicht erhält.

**Gruppe der Zwangsneurotiker**

*Gruppe D*

| | | |
|---|---|---|
| Faktor I | Unsicherheitsfaktor | Korrekturen<br>Anflickungen<br>Verschreibungen<br>(Tremor) |
| Faktor II | Beeinträchtigung des Bewegungsablaufs | Übertreibungen<br>Linksläufigkeiten<br>Unterbrechungen<br>(Verschreibungen) |
| Faktor III | Störung der Strichführung | Tremor<br>Aussetzen des Strichs<br>(lange Anstriche)<br>(Unterbrechungen) |

| Bedeutung | graphologische Merkmale |
|-----------|-------------------------|
| Faktor IV Störung der Steuerung | Auslassungen<br>Rechtsläufigkeiten<br>Verkümmerungen<br>(Verbiegungen) |

Paul-Mengelberg faßt die Ergebnisse so zusammen:
»Ein Vergleich der Faktoren in den Gruppen ergibt folgendes:

Zusammenfassung
der Störfaktoren

1. Eine Übereinstimmung des Unsicherheits- und Korrekturfaktors
2. Eine Ähnlichkeit zwischen den Geschädigtengruppen im Störungsfaktor der Strichführung
3. Bei den ehemaligen Kriegsgefangenen wird dieser Störungsfaktor noch verstärkt durch die Ataxien
4. Die politisch Verfolgten werden durch einen Unruhefaktor charakterisiert.«

Für die allgemeine graphologische Deutungspraxis ist interessant, daß hier an verschiedenen Gruppen das Problem der psychischen Störung untersucht wurde, wobei die Ergebnisse einen relativ hohen Zuverlässigkeitsgrad haben.

Psychische Störungen

Man wird darin dementsprechend, wenn die genannten Merkmale häufig und im Syndrom vorkommen, ein Signal für eine psychische Störung sehen müssen, das wichtige Rückschlüsse auf Verhaltensformen zuläßt.

Mit diesen Hinweisen aus den wissenschaftlichen Untersuchungen der letzten Jahre wollen wir dieses Kapitel abschließen. Es zeigt uns zusammenfassend, daß auch mit wissenschaftlichen Methoden eine hinreichende Sicherung der Deutungspraxis erfolgt ist. Allerdings sollte man nie vergessen, daß diese wissenschaftlichen Methoden vorwiegend statistischer Art sind und daß sie dementsprechend nur zu Aussagen kommen können, die für den Durchschnitt oder die Mehrheit einer Population verbindlich sind, die aber immer den Ausnahmefall zulassen. Es ergab sich weiter überzeugend, daß die Sicherheit der graphologischen Aussage erst dann gegeben ist, wenn diese von Merkmalsgruppen (Syndromen) gestützt ist, während das einzelne Merkmal sowohl in das eine wie in das andere Syndrom – wenn auch nicht in beliebiger Ausweitung – passen kann und deshalb eine Einzelbewertung nicht zuläßt.

Vertrauen in die Graphologie ist berechtigt

173

# Bekannte Persönlichkeiten im Spiegel ihrer Schriftzüge

Wir haben gesehen, daß die Schriftdeutung das Verständnis für den Menschen erheblich fördern kann. Studieren wir zum Beispiel die Schriften großer Politiker, Künstler oder Staatsmänner, so erfahren wir oft mehr über das Wesen dieser Persönlichkeiten als aus Zeitschriften oder Büchern. Wir wollen deshalb für den interessierten Leser aufzeigen, wie man schon aus den Unterschriften berühmter Menschen Rückschlüsse ziehen kann. Gleich zu Beginn unserer Ausführungen sei aber gesagt: Unterschriften spiegeln vorwiegend das Leitbild der Persönlichkeit, so daß uns nur eine Seite ihres Wesens zugänglich ist, jedenfalls solange wir nicht eine vollständige Schriftprobe besitzen. Weiterhin ist zu bedenken, daß Schriften einer vergangenen Zeit auch vom Schreibstil der betreffenden Zeit geprägt wurden. Es ist also notwendig, sich in die Schriftformen vergangener Zeiten zu vertiefen, will man alte Schriften exakt deuten. Das sind Einschränkungen, über die man sich klar sein muß. Dennoch ist es ungemein reizvoll, sich einmal auch die Schriften historischer Persönlichkeiten anzuschauen. Wir können dann unser geschichtliches Wissen um das Erlebnis und die Ergebnisse der Schriftdeutung bereichern. – Zu den folgenden Unterschriften können wir natürlich nur ein paar Randbemerkungen machen, da ja für eine vollständige Deutung der Persönlichkeit die Unterlagen nicht ausreichen.

**Persönlichkeiten der Geschichte**

*Napoleons* Unterschriften lassen eine klare Entwicklung über längere Zeit erkennen. Das erste Schriftbild erscheint unbeholfen in den Schriftzügen, massiv und klobig in der Unterstreichung. Die Rolle des Herrschers wird hier gewissermaßen erst einmal erprobt. Die nächsten drei Unterschriften zeigen sodann, wie der Mensch immer stärker in diese Rolle hineinwächst, wie er sie schließlich beherrscht. Die Schrift wird bis zum stilisierten Signum vereinfacht. Die

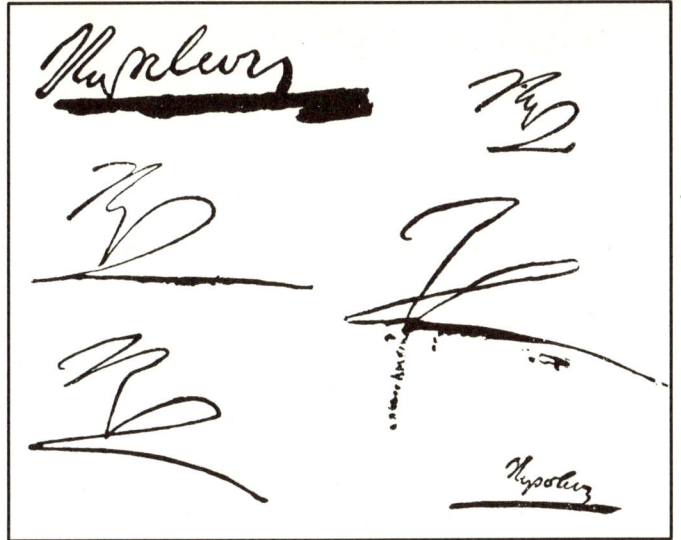

Person, das rein Menschliche tritt zurück. Der Herrscher-Anspruch prägt sich deutlich aus. In der 5. Schriftprobe sehen wir den Versuch, auch weiterhin der Rolle gerecht zu werden, aber dieser Versuch gelingt nicht mehr ganz. Es tritt eine Versteifung und Verspannung der Schrift ein. Der Strich ist zitternd und gestört. Die wachsende Vergrößerung des »Signums« gibt uns einen Eindruck des bewußten Mehrwollens und Festhaltens an den äußeren Formen, obwohl die Möglichkeiten längst nicht mehr gegeben sind. In der letzten Unterschrift erscheint schließlich wieder der menschliche Zug: Selbstbescheidung, Verzicht und die Rückkehr zum Allgemein-Menschlichen.

*Bismarcks* Schriftzüge sind ebenfalls sehr interessant und charakteristisch. Sie verraten eine ungewöhnliche Dynamik und eine fast explosive Stärke des Wollens. Diese Symptome werden aber gleichzeitig gebremst und überformt, das Wollen und die Dynamik von einer starken Selbstbeherrschung an die Kandare genommen. Das hohe Selbstgefühl, das nicht nur in der Größe der Schrift, sondern auch in dem betonten Mittelband in Erscheinung tritt, wird von einem starken Ansichhalten begleitet, das besonders in der Enge der Schrift sichtbar wird. Man spürt hinter dieser verhaltenen Form die Kraft einer ungewöhnlich starken Persönlichkeit.

**Herrscher-Anspruch**

**Bismarck**

**Dynamik**

| **109**<br>**Bismarck** | 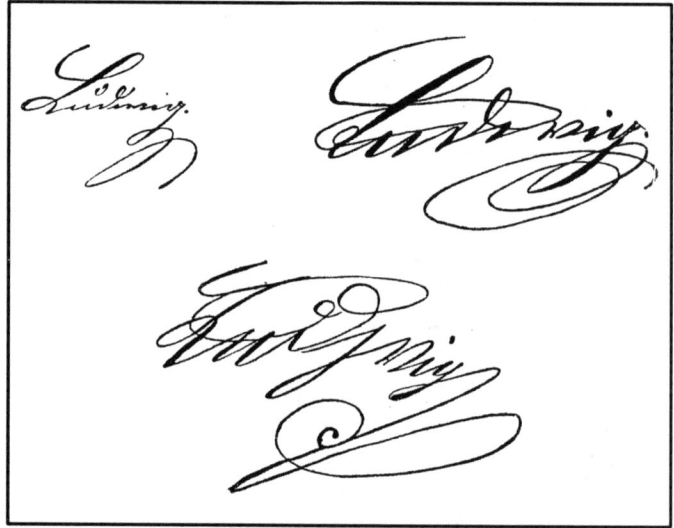 |
|---|---|
| **110**<br>**Ludwig II.** | |

*Ludwigs II.* Unterschriften zeigen deutlich die Wandlung im Laufe von 22 Jahren.

Während die erste Schriftprobe eine betonte Repräsentation verrät oder gewissermaßen das Fürstenamt ahnen läßt, erscheint in der zweiten Schriftprobe ein massiver, übermäßig betonter Geltungsdrang, der die Wirkung auf die Umwelt nicht mehr berücksichtigt.

In der letzten Unterschrift sehen wir schließlich eine übersteigerte Beschäftigung mit dem eigenen Ich, wobei die geistige Verwirrung bereits deutlich sichtbar wird. Ludwig II. ist bekanntlich in geistiger Umnachtung verunglückt.

**Mussolini**

*Mussolinis* Schriftbild ist locker, beweglich und vorwiegend intellektuell betont. Es verrät wendige Anpassungsfähigkeit auf der einen Seite und scharfe Angriffe mit zum Teil betont aggressiven Zügen auf der anderen Seite.

Wenden wir uns nun einmal Politikern und Künstlern unserer Zeit zu:

*Heuss* hatte eine besonders harmonische Unterschrift. Sie verrät das Insichruhen einer ausgeglichenen und geschlossenen Persönlichkeit. Das Gemüt beeinflußt entscheidend das gesamte Erleben und Handeln. Weiterhin wird die Bereitschaft sichtbar, für andere einzutreten; sie verbindet sich mit dem Anspruch, eine wichtige Position einzunehmen.

*Adenauers* Unterschrift fällt durch ein betont hohes Mittelband auf. Das weist nicht nur auf ein starkes Selbstgefühl hin, sondern auch auf eine ungewöhnliche Selbstsicherheit. Die Schrift ist für das hohe Alter des Schreibers außerordentlich kraftvoll. Sie verrät Unbeugsamkeit des Willens und zeigt gleichzeitig eine liebenswürdige Betonung der Umweltbegegnungen.

*Willy Brandt.* Sehr auffällig ist das Verhältnis von Kleinheit und Weite, das sehr selten in dieser Form vorkommt.
Bei gutem Formniveau weist das Leitbild in die große Linie
und den weiten Ausgriff bei gleichzeitig distanziertem Sich-
abdecken gegenüber der Umwelt. Nicht-warten-Können

**114**
**Willy Brandt**

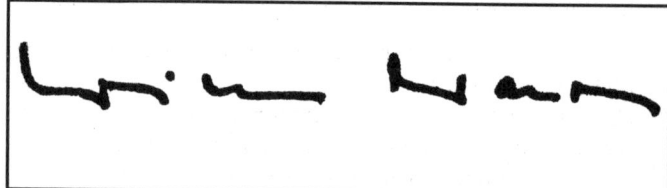

und Abwägen, Überzeugtsein von der subjektiven Meinung
und eine Tendenz zur Versachlichung stehen gegeneinander.
Was zum Zuge kommen wird, läßt sich von der Unterschrift allein nicht sagen.

**115**
**Herbert Wehner**

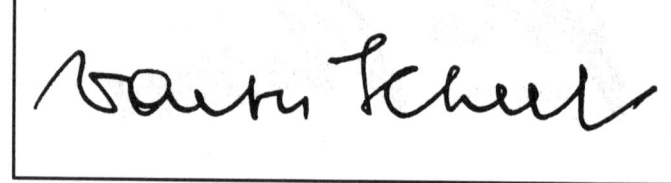

*Herbert Wehner.* Die Unterschrift zeigt sich bis in die
Nuancen unverändert gegenüber der von vor dreißig Jahren. Es ist nicht die Unterschrift eines starken, sondern eines
sein Ziel verfolgenden Mannes. Sensibilität und Beeindruckbarkeit werden kompensiert durch intellektuelle
Schärfe.

**116**
**Walter Scheel**

*Walter Scheel.* Es ist die Unterschrift eines optimistischen,
selbstbewußt in sich ruhenden Menschen. Aktivität prägt
sich in der Unterschrift weniger aus als Gelassenheit und
massives Reaktionsvermögen.

*F. J. Strauß.* Bei ausgeprägtem Selbstbewußtsein und gutem intellektuellen Niveau wird eine merkliche Gestaltungskraft wirksam, die durch eine entsprechende Belastbarkeit getragen wird. Gleichzeitig ist die Selbstbeherrschung und die Tendenz, andere nicht in die Karten schauen zu lassen, ausgeprägt.

Peter Bamm

*Peter Bamm.* Ein erheblicher Anspruch wird im Zuge der Gestaltung versachlicht und eingeschränkt. Phantasie ist weniger ausgeprägt als eine gewandte, auf das Wesentliche abgestellte geistige Verarbeitung.

Golo Mann

*Golo Mann.* Ein massiver Geltungsanspruch, dem die Bereitschaft, sich der Sache ernsthaft, wenn auch unter Verzicht auf Differenzierung, anzunehmen, gegenübersteht. Behauptung, Durchsetzung und persönliche Anerkennung stehen im Vordergrund, wenn auch der Sinn für das Wesentliche dadurch nicht getrübt wird.

**120**
**Siegfried Lenz**

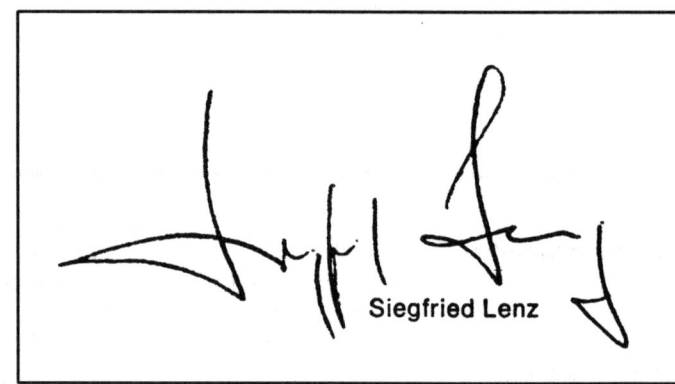

Siegfried Lenz

*Siegfried Lenz.* Viel Phantasie und die Lust zum Fabulieren führen zu einer lockeren geistigen Entfaltung, die aber auch Um- und Abwege nicht scheut. Wenn er weitgesteckte Ziele von der Phantasie in die Wirklichkeit zu übertragen versucht, kann er sich leicht übernehmen.

**Musiker**
**121**
**Herbert von Karajan**

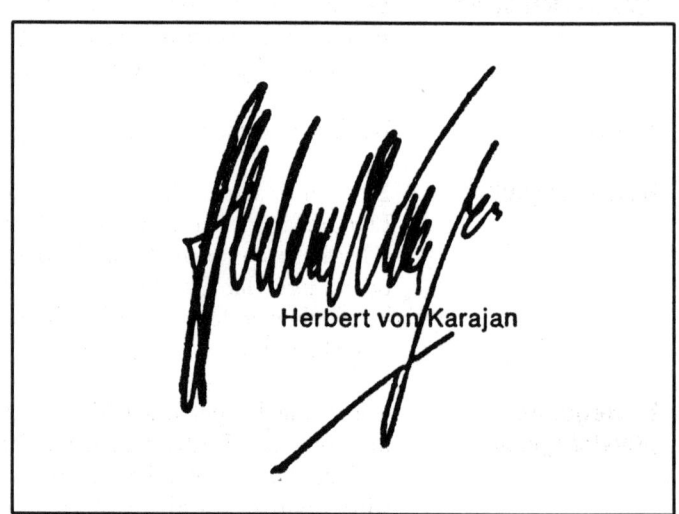

Herbert von Karajan

*Herbert von Karajan.* Gestaute Energie, die zur explosiven Entladung drängt, aber selbst in dieser noch voll beherrscht wird. Starke Gefühlsbetonung, von der die Impulse genährt werden, deren Entfaltung aber auch beunruhigt wird.

# ABC der wichtigsten Begriffe

**Ablaufrhythmus**  Rhythmus, der zur Gliederung der Schreibbewegung führt und für den Grad der Ungestörtheit in der Bewegungsfolge verantwortlich ist.

**Affekt, affektiv**  (lateinisch: afficere = antun) Gefühlserregung, die das Verhalten begleitet.

**Arkade**  Ein nach oben gewölbter Bogen wie im schulgerechten »n«.

**Aspekt**  Teilansicht von einem jeweils anderen Standpunkt aus.

**Ausdruckskunde**  Lehre von der Art und Bedeutung des Ausdrucks. Zum Ausdruck gehören die Bewegung des Gesichts, der Hände, des Gesamtkörpers, die Stimme und die Handschrift.

**Ausgriff**  Nach außen gerichtete Entfaltung.

**Bewegungsbild**  Es kommt zustande durch die der Schrift innewohnende Dynamik, die sich in den Merkmalen der Größe oder Kleinheit, der Schnelligkeit oder Langsamkeit, der Weite oder Enge, der Druckstärke oder Druckschwäche, der Verbundenheit oder Unverbundenheit, der Teigigkeit oder Schärfe äußert.

**Bewegungs-physiologisch**  Meint die körperlichen Voraussetzungen für das Zusammenspiel der Teilbewegungen. Die Bedeutung der physiologischen Zusammenhänge für das Verstehen der Handschrift wurde vor allem von R. Pophal betont.

**Charakterologie**  (griechisch: charakter = Eigentümlichkeit, Wesen; logos = Wort, Lehre) Die Charakterologie behandelt die Persönlichkeit des Menschen in ihrer anlagemäßigen seelischen Struktur.

| | |
|---|---|
| **Choleriker, cholerisch** | (griechisch: cholaein = an der Galle leiden, zürnen; choloein = zornig werden) Heftiger Willensmensch. Aufbrausender Gefühlsmensch.<br>Choleriker sind Menschen, die von starken Gemütsbewegungen gesteuert werden. |
| **Depression** | (lateinisch: deprimere = niederdrücken) Traurige, oft ängstliche »Verstimmung« und Hemmung des Denkablaufes, die einen entsprechenden Niederschlag in der Schrift findet.<br>Ein depressiver Mensch leidet unter Hemmungen des Gedankenablaufs, unter Willensschwäche und Entschlußunfähigkeit. |
| **Eiferstriche** | Verlängerte Anstriche am Anfang eines Wortes. |
| **Empirie, empirisch** | (griechisch: empeiria = Erfahrung) Die Empirie ist im psychologischen und graphologischen Sinne eine Richtung, die auf Grund von Feststellungen, die durch reine Erfahrung gewonnen wurden, die Erkenntnisse der Schriftdeutung festigt. |
| **Extraversion** | Nach außen gerichtete Entfaltung der persönlichen Möglichkeiten, verbunden mit dem Bedürfnis nach Kontakt und Wirkung in der Außenwelt (Gegensatz: Introversion). |
| **Faden** | Aus der unbetonten lockeren Hinundherbewegung des Schreibgerätes zurückbleibende fadenförmige Schreibspur. |
| **Faktorenanalyse** | Mathematisch-statistisches Verfahren, durch das die beim Zustandekommen eines Ergebnisses (z. B. einer Leistung) wirksamen Generalfaktoren ermittelt werden können. |
| **Formbild** | Es wird bestimmt durch die Gliederung der Schrift in Bindungsform, Flächigkeit (Völle, Magerkeit) und Gestaltung der Buchstaben (Bereicherung oder Vereinfachung). |
| **Formniveau** | Ludwig Klages faßt in diesem Begriff den → Ablaufrhythmus einer Schrift (Grad der Ungestörtheit des Bewegungsablaufes), die Eigenart (persönliche Formgebung) und das Ebenmaß (→ Verteilungsrhythmus) zusammen. |
| **Formrhythmus** | Er wirkt auf die Einzelformen der Schrift gestaltend. |

| | |
|---|---|
| **Furchung** | Durch den Schreibdruck auf der Rückseite des Papiers entstandene Furchen. |
| **Gehirnschrift** | Kennzeichnung der Tatsache, daß die Schrift in erster Linie vom Gehirn gesteuert wird und nicht von der Hand: Die Buchstaben nehmen, wenn auch ungeübter und unbeholfener, die gleiche Form an, wenn man z. B. mit dem Fuß schreibt. |
| **Girlande** | Ein nach oben geöffneter Bogen wie im schulgerechten »u«. |
| **Graphologie** | (griechisch: graphein = schreiben; logos = Lehre) Psychologischer Forschungszweig, der sich mit der Deutung der Handschrift als geistigseelischer Ausdruck beschäftigt. Zu den Hauptbegründern zählen J. H. Michon, L. Klages, W. Preyer, G. Mayer und M. Pulver, R. Pophal. |
| **Großbuchstaben** | Buchstaben am Anfang eines Hauptwortes oder Satzanfangs. Abgetrennte Großbuchstaben geben z. B. Hinweise auf Individualismus und Distanzbedürfnis. |
| **Grundstrich** | Abstrich von oben nach unten. |
| **Haarstrich** | Anstrich von unten nach oben. Besondere Warnzeichen sind Zitterstellen. Sie werden als Nervosität gedeutet. |
| **Haltepunkt** | Unterbrechungen bei der Strichführung. Sie können mit und gegen den Rhythmus auftreten und sind dementsprechend zu deuten. |
| **Introversion** | Nach innen gerichtete Lebensentfaltung mit weitgehendem Verzicht auf Kontakt. |
| **Jungsche Typen** | Siehe Typologie. Für die Graphologie von Ania Teillard fruchtbar gemacht. |
| **Korrelation** | Statistisches Verfahren, mit dem die Beziehungen etwa zweier Merkmale errechnet werden. Hohe K. bedeutet, daß das eine Merkmal immer mit dem anderen gemeinsam vorkommt. |
| **Kretschmersche Typen** | Siehe Typologie. In der Graphologie von Erich und Lotte Schelenz berücksichtigt. |

| | |
|---|---|
| **Kurzbuchstaben** | Buchstaben ohne Ober- und Unterlängen. |
| **Langbuchstaben** | Buchstaben mit Ober- und Unterlängen. |
| **Ligatur** | (lateinisch: ligare = binden) Ineinanderübergehen von zwei oder mehreren Buchstaben. |
| **Lötschrift** | Sie entsteht, wenn neue Aufstriche an vorausgehende Endstriche angehängt werden. |
| **Magerkeit** | Schleifen und Kurven werden so von der Schulvorlage abgewandelt, daß die Flächigkeit in eine lineare Magerkeit übergeht. |
| **Melancholiker, melancholisch** | (griechisch: melas = schwarz, chole = Galle) Mensch, der zu Schwärmerei, Schwermut, Trübsinn neigt. |
| **Mittelband** | Mittelzone des Schriftbildes bzw. der Schriftzeile. |
| **Mittelbuchstaben** | Buchstaben des → Mittelbandes. |
| **Neigungswinkel** | Der Winkel zwischen → Grundstrich und Zeile. |
| **Oberlänge** | Der über dem Mittelband liegende Teil des Buchstabens. |
| **Oberzeichen** | U-Bogen, I-Punkt, Umlautstriche. |
| **Phlegmatiker** | Mensch mit einem langsamen und zähflüssigen Temperament und einer etwas schwerfälligen Ansprechbarkeit. |
| **Psychologie, psychologisch** | (griechisch: psyche = Seele; logos = Wort, Lehre) Die Psychologie ist ein Forschungsbereich, der sich der Erscheinungen und Zustände des bewußten und unbewußten seelischen Lebens annimmt. |
| **Psychopath** | (griechisch: psyche = Seele; paschein = leiden) Ein in seiner Triebstruktur, in seinem Temperament oder im Charakter krankhaft veranlagter Mensch. |
| **Psychotherapie** | (griechisch: psyche = Seele; therapeuein = heilen) Behandlung seelischer Erkrankungen mit seelischen Mitteln wie etwa dem autogenen Training, der Hypnose, Meditation, Exploration usw. |

| | |
|---|---|
| **Raumbild** | Es betrifft die Anordnung der Schrift im gegebenen Schreibraum. Zum Raumbild gehören die Merkmale der Regelmäßigkeit und Unregelmäßigkeit, der Schriftlage oder Richtung, der Längenteilung, Betonung, der Gliederung und Randbildung. |
| **Regelmäßigkeit** | Sie entspricht einer gleichmäßigen bzw. gleichförmigen Gestaltung der Schrift in Lage, Zeilenführung, Größe, Weite und Druck. |
| **Reichhaltigkeit** | Sie wirkt sich in der Flächigkeit der Schrift aus und kann an den runden Formen der Schleifen und Bögen abgelesen werden. Phantasiereiche Menschen haben flächige Schriften, verstandesbetonte dagegen magere. |
| **Reliabilität** | Zuverlässigkeit entweder der Erfassung eines Merkmals oder der Deutung desselben. |
| **Richtungscharakter** | Mit diesem Begriff bezeichnet man die jeweilige Schriftrichtung, wie sie sich aus der nach rechts oder links führenden Federbewegung ergibt. Die normale Handschrift ist meistens nach rechts gerichtet. |
| **Sanguiniker, sanguinisch** | (lateinisch: sanguis = Blut, Kraft) Wechselnder und unbeständiger Stimmungsmensch. |
| **Schreibreife** | Übungs- oder Entwicklungsgrad des Schreibens. |
| **Schriftbild** | Nach der Raumsymbolik von Pulver wird die Schrift (Zeile) in drei Zonen eingeteilt. Die obere Zone ist auf den Geist bezogen, die Mittelzone auf die Seele und die Unterzone auf den Körper. |
| **Schulvorlage** | Die im Schulunterricht als Schreibnorm dargebotene Schrift. |
| **Stoppzüge** | Abstrich ohne folgenden Aufstrich. |
| **Symptom** | (griechisch: sympiptein = zusammenfallen) Erscheinungsmerkmal einer Eigenart oder Haltung. |
| **Syndrom** | Aus dem Medizinischen übernommener Begriff, bezeichnet eine Gruppe zusammengehöriger Merkmale, die gerade in diesem Zusammenhang bedeutsam sind. |

**Teigig**

Schmierige, dick aufgetragene Schrift.

**Typologie, typologisch**

Die Typologie ist ein psychologischer Forschungszweig, der die verschiedenen Menschen nach den ihnen gemeinsamen Prinzipien zu ordnen versucht. Seit der Antike werden die vier Temperamentstypen des → Cholerikers, → Phlegmatikers, → Sanguinikers und → Melancholikers unterschieden. Der Philosoph Nietzsche sprach vom dionysischen (das Gefühl und den Rausch liebenden), vom apollinischen (die Klarheit des Geistes und der Vernunft bevorzugenden) und vom sokratischen (der Weisheit und der Meditation hingegebenen) Menschen.

Der Tübinger Psychologe Eduard Spranger begründete seine Lebensformen des theoretischen, ökonomischen, ästhetischen, sozialen, religiösen und Macht-Menschen.

Von Ernst Kretschmer stammen die berühmt gewordenen Konstitutionstypen. Sie besagen, daß dem Körperbau bestimmte Temperaments- und Charaktereigenschaften entsprechen. Der leptosome Mensch ist mager, schmal, aufgeschlossen und scharf profiliert. Sein Innenleben ist schizothym, das heißt von der Außenwelt abgesondert und auf die innere Welt der Ideen und Prinzipien bezogen. Die Schrift solcher Menschen ist steil, neigt zur Linkslage, zur Arkade, Enge und Unverbundenheit. Der Pykniker hat kurze Gliedmaßen und Neigung zum Fettansatz; sein Gesicht ist rundlich gedrungen. Ihm entspricht das zyklothyme Temperament mit seinen Polen der Heiterkeit und der Trauer, des sinnenfrohen Genießens und der behaglichen Wirklichkeitsnähe. In der Handschrift zeigen sich schräge Schriftlagen, Girlanden, Weite und Verbundenheit. Der dritte Grundtyp Kretschmers, der Athletiker, hat breitausladende Schultern, einen straffen Bauch, ein ziemlich schmales Becken und betonte Muskeln. Zu diesem Körper gehört ein visköses Temperament, das heißt ein schwerfälliges, ausdauerndes und zähes Innenleben mit wenig Wendigkeit und mangelnder Umstellbarkeit.

Die Typologie C. G. Jungs spricht von introvertierten (nach innen gewendeten) und extravertierten (auf die Außenwelt bezogenen) Menschen. Beim ersteren finden wir eine linksschräge, verengte, magere, bewegungsgehemmte Schrift, oft mit angebrochenen Wortenden. Der Extravertierte schreibt mittelpunktsflüchtig, bevorzugt verlängerte Endstriche und bogige Schriftzüge.

| | |
|---|---|
| **Unterlängen** | Tief in die Unterzone hineinreichende Buchstaben. Sie können verkümmert, gerissen, dünn, zittrig, zugespitzt, schmierig, gequetscht sein, gerundete oder abgerissene Schleifen besitzen. |
| **Validität** | Objektivität der Deutung. |
| **Vereinfachungen** | Schriftelemente der Schulvorlage bzw. der Schulnorm werden auf dem Wege der Vereinfachung oder Verkürzung fortgelassen. |
| **Verifizierung** | Nachweis der Richtigkeit einer Aussage. |
| **Verknotungen** | Bei der Führung des Schriftstriches eintretende Verknotungen. |
| **Verteilungs-rhythmus** | Er bestimmt das Gleichgewicht der einzelnen Schriftelemente zueinander und wird sichtbar im optischen Gleichgewicht der beschriebenen Seite. |
| **Völle** | Betonung und Erweiterung der Schleifen in Form flächenhaft geräumiger Kurven. |
| **Weite** | Gemeint ist das Verhältnis von Grundstrichhöhe und Grundstrichabstand der Kurzlängen. In der weiten Schrift erblicken die Graphologen allgemein einen spontanen Persönlichkeitsausdruck, Unbefangenheit und eine positive Lebenseinstellung. |
| **Winkel** | Haar- und Grundstriche stoßen in Winkelform zusammen. |
| **Zeilenrichtung** | Die Graphologie unterscheidet gerade Zeilen, schwankende Zeilen, wellenförmige Zeilen, fallende Zeilen, gewölbte Zeilen, gehöhlte Zeilen, dachziegelartig steigende oder abfallende Zeilen. Diese Merkmale geben in Grenzen Aufschluß über die Stimmungslage des Menschen. |

# Literaturauswahl

Allport, G. W. u. Vernon, P. E.: Studies in expressive movements. New York 1933.

Becker, Minna: Graphologie der Kinderhandschrift. Freiburg/B. 1926.

Brenger, C.: Graphologie und ihre praktische Anwendung. München 1967.

Christiansen, Broder/Carnap, Elisabeth: Lehrbuch der Graphologie. (RUB 7876/77)

Donig, Curt: Betriebsgraphologie. München 1970.

Fischer, Gerhard: Zur faktoriellen Struktur der Handschrift. In: Zeitschrift für experimentelle und angewandte Psychologie, 11/1964.

Groß, C.: Vitalität und Handschrift. Bonn 1942.

Heiss, Robert: Die Deutung der Handschrift. Düsseldorf 1966.

Hofsommer, W./Holdsworth, R.: Die Validität der Handschriftenanalyse bei der Auswahl von Piloten. In: Psychologie und Praxis, 1965

Jacobi, H. J.: Handschrift und Sexualität. Berlin 1932.

Klages, Ludwig: Handschrift und Charakter. Bonn 1965.

Knobloch, Hans: Graphologie. Düsseldorf 1971.

Kroeber-Keneth, Ludwig: Buch der Graphologie. Düsseldorf 1968

Michon, Jean-Hippolyte: System der Graphologie. München 1972.

Miller, Philipp: Einführung in die Graphologie. Berlin o. J.

Müller, W. H./Enskat, A.: Graphologische Diagnostik. Bern 1972.

Paul-Mengelberg, Maria: Die Handschrift von ehemaligen Kriegsgefangenen und politisch Verfolgten. Bonn 1972.

Pfanne, Heinrich: Handschriftenverstellung. Bonn 1971.

Pfanne, Heinrich: Lehrbuch der Graphologie. Berlin 1961.

Pokorny, Richard: Die moderne Handschriftendeutung. Berlin 1963.

Pokorny, Richard Raphael: Psychologie der Handschrift. München 1968.

Pophal, Rudolf: Grundlegung der bewegungsphysiologischen Graphologie. Leipzig 1939.

Pulver, Max: Symbolik der Handschrift. Zürich 1964.

Pulver, Max: Trieb und Verbrechen in der Handschrift. Zürich 1948.

Revers, Wilhelm Josef: Deutungswege der Graphologie. Salzburg 1966.

Saudek, Robert: Wissenschaftliche Graphologie. München 1926.

Saudek, Robert: Experimentelle Graphologie. Berlin, Leipzig 1929.

Schneevoigt, Ihno: Die graphologische Intelligenzdiagnose. Bonn 1968.

Seifert, T.: Faktorenanalyse einiger Schriftmerkmale. In: Zeitschrift für experimentelle und angewandte Psychologie, 11/1964.

Singer, Eric: Die Handschrift sagt alles. München o. J.

Teillard, Ania: Handschriftendeutung auf tiefenpsychologischer Grundlage. München 1963.

Wallner, Teut: Graphologie als Objekt statistischer Untersuchungen. In: Psychologische Rundschau, 10/1965.

Wallner, Teut: Der prognostische Wert von Tests und Handschriftenvariablen. In: Zeitschrift für experimentelle und angewandte Psychologie, 17/1970.

Wieser, Roda: Der Verbrecher und seine Handschrift. München 1952.

Wieser, Roda: Mensch und Leistung in der Handschrift. München 1960.

Wieser, Roda: Grundriß der Graphologie. München 1969.

Wieser, Roda: Rhythmus und Polarität in der Handschrift. München 1972.

Wittlich, Bernhard: Angewandte Graphologie. Berlin 1951.

Wittlich, Bernhard: Graphologische Praxis. Berlin 1961.

Wittlich, Bernhard: Konfliktzeichen in der Handschrift. München 1971.

# Register

Abgeflachte Oberschleifen 46
Ablaufrhythmus 26, 88, 109, 122, 133, 181
– der Schrift 26
Absinken der Zeilenführung 116
Absinkende Schriftgröße 40
Abstand, Verhältnis von Buchstabenbreite und 40
– zwischen den Einzelbuchstaben 40
Abstrahieren 17
Adenauer, Konrad 177
Affekt 181
Allgemeine Menschenkenntnis 163–164
Allport, G. W. 167
Alter, Geschlecht und 108
Änderung der Schrift und der Persönlichkeit 171
Anfangsbetonung 70, 136
–, Sondermerkmale der 72
Anfangs- und Endbetonung 70–74, 130, 136
Anfangszeichen, betonte 71
–, unterbetonte 71
Anfangszüge, betonte 71
–, unterbetonte 71
Anflicken von Schleifen an sehr magere Oberlängen 46
Angaben zur Person des Schreibers 107
Angst in der Handschrift 15
Ansteigende Schriftgröße 40
Antrieb und Hemmungen 25
Antriebsschwäche 11
Arkade 80–82, 181
–, durchgeschleifte 83
–, gestürzte 83
Arkadenbindung 82
Aufgabenstellungen der Graphologie 13–15
Aufgeblähte Oberlängen 46
Aufmerksamkeit 17
Ausdruck 13
Ausdruckscharakter der Handschrift 22
Ausdruckskunde 10, 181
Äußere Schreibbedingungen 106
Autogenes Training 184

Baldo 9
Bamm, Peter 179
Becker, Minna 14
Bedeutung der Unterschrift 110
Begabungen 14
Begabungstests 160

Bereicherte Schrift 76
Berufsauslese 13
Berufsberatung 13
Berufswahl 161
–, Erziehung und 161
Betonte Anfangszeichen 71
– Anfangszüge 71
– Endbuchstaben 72
– Endzüge 73
Betonung der Oberlängen 44
– der Unterlängen 44–45
Beurteilungen, Validität graphologischer 168
Beurteilung von Menschen 13
Bewegung und Formung 12
Bewegungsablauf 21, 92
–, Grad der Ungestörtheit im 26
–, Lösung im 12
–, Spannung im 12
–, Ungestörtheit des Rhythmus in der Gesamtform und im 26
Bewegungsbild 12, 30–31, 33, 181
–, Ausdruck der Größe im 36
–, Schriftweite als 41
Bewegungsphysiologisch 181
Bewegungsphysiologische Grundlagen des Schreibens 12
Bewegungsstörungen 91
Bewerbungsschreiben 95, 148
Bindung 80–81
Bindungsform 80–83, 132, 137
–, Sondermerkmale der 83
Bismarck, Otto von 175
Bogen 80
Bogenbindung 80
Brandt, Willy 178
Breite Buchstaben 43
Breiter Linksrand 65, 67
– Rechtsrand 65, 67
Buchstaben, breite 43
–, schmale 43
Buchstabenabstände, weite 43
Buchstabenbreite und Abstand, Verhältnis von 40
Buchstabensystem 21

Charakter 8–9
– und Handschrift 9
Charaktereigenschaften 11
Charaktermerkmale, Schriftmerkmale und 8
Charakterologie 11, 181
–, Graphologie und 11
Charakterologische Grundlagen 11

Choleriker 182

Dachziegelartig fallende Zeile 63
– steigende Zeile 63
– steigende Zeilenführung 60, 63
Dehnung der Schrift 40
Depression 182
Deutsche Schulschrift 21
– Sütterlinschrift 21
Deutung der Schrift, ganzheitliche 29
Deutungsergebnisse, Zuverlässigkeit der 13
Deutungsmaterial, Zuverlässigkeit des 13
Deutungspraxis 10
Diagnostik, tiefenpsychologische 14
Diagnostische Methoden 13
Diagnostisches Mittel, Graphologie als 15
Doppelbogen 81
Druckschrift 22
Druckstärke 94
–, mittlere 101
–, schwache 101
–, schwächere 101
Druckstarke Schrift 101
Durchgeschleifte Girlande 83
Dynamik des Schreibablaufs 11

Ebenmaß der Schrift 26
Eiferstriche 182
Eigenart der Schrift 26
Eigenartsgrad 19
Eilige Schrift 95
Einfluß der Schreibgeräte 106
– der Schreibbreite 107
Einheitlichkeit und Uneinheitlichkeit 12
Einmaligkeit jeder Handschrift 8
Einrollungen 10
Einzelaussagen 10
Einzelbuchstaben, Abstand zwischen den 40
–, verkümmerte 40
Einzelmerkmale 25
–, Mehrdeutigkeit graphologischer 25
Einzelsymptome 11
Einzelzeichen 10
Endbetonung 70–71, 119, 136
–, Anfangs- und 70, 73, 130, 136
–, Sondermerkmale der 74
Endbuchstaben, betonte 72

Endstrich, häkchenförmiger 74
–, keulenförmiger 74
Endzüge 114
–, betonte 73
–, unterbetonte 72–73
–, Wechsel in den 74
Enge Schrift 41–42, 118
– Wortabstände bei weiten Zeilen 57
Enger werdende Wortenden 43
– Wortabstand 56
– Zeilenabstand 58
Enskat, A. 12, 15
Erkrankungen, körperliche 13
Erlerntes Schriftbild 10
Erziehung 13, 161
– und Berufswahl 161
Expansion, Schriftweite als Ausdruck der 42
Exploration 184
Extraversion 182
Extrem große Schrift 39
– kleine Schrift 40
Extrembedingungen, Veränderung der Persönlichkeit unter 15

Faden 182
–, schlaffer 83
Fadenbindung 81–82
Faktorenanalyse 30, 165, 169, 171, 182
Fallende Zeile 62
Fallende Zeilenführung 60
Fehldeutungen 8, 19
Fehlende Oberschleifen 46
Fischer, Gerhard 166
Flach gehöhlte Zeile 64
– gewölbte Zeile 64
Formaufgelöste Schrift 79
Formbild 30–31, 33, 182
Formfeste Schrift 79
Formfestigkeit 78–80, 131, 137, 144
Formgebung 78
–, persönlicher Grad der 26
Formlockere Schrift 79
Formniveau 10–11, 26–27, 29, 33, 38, 109, 112, 122, 133, 182
–, gutes 27
–, hohes 27
–, mittleres 27
–, Rhythmus und 11
–, schlechtes 28
–, schwaches 28
Formweiche Schrift 79
Formreichtum 74–77, 120,

131, 137, 141–142, 144
–, Sondermerkmale im 77
Formrhythmus 26, 182
Formstabilität 78
Formstarre Schrift 79
Formung, Bewegung und 12
Funktionen, intellektuelle 17
Furchung 183

Gang 10, 13
Ganzheitliche Deutung der Schrift 29
Gebärde 10
Gegenüberstellung der graphischen Merkmale, kombinatorische 28
Gehirnschrift 183
Gehöhlte Zeile 116
Gerade Zeile 60, 62, 117
– Zeilenführung 60
Gerichtsgutachten 162
Geringer Längenunterschied 48
– Wortabstand 56–57
Gesamtwertung 10
Geschlecht und Alter 108
Gesichtsausdruck 13
Gespannte Schriftführung 87
– Strichführung 88–89
Gestaltung des Schreibraumes 37
Gestik 13
Gestörter Schriftablauf 89
Gestörte Schriftführung 87
– Strichführung 88–89
Gestützte Girlande 83
Gestützter Winkel 83
Girlande 80–82, 132, 183
–, durchgeschleifte 83
–, gestützte 83
–, Wechsel zwischen Winkel und 83
Girlandenbindung 82
Glatte Schriftführung 87
– Strichführung 88–90
Gleichgewicht der beschriebenen Seite, optisches 26
Goethe, Johann Wolfgang von 9
Grad der Formgebung, persönlicher 26
– der Ungestörtheit der Massenverteilung 26
– der Ungestörtheit im Bewegungsablauf 26
Graphische Merkmale, kombinatorische Gegenüberstellung der 28
– Symptome 11
Graphologie als diagnostisches Mittel 15
– als Methode der Psycho-Diagnostik 165
– als Wissenschaft 11
–, Aufgabenstellung der 13
–, Objektivierung der 13
– und Charakterologie 11
–, Verwissenschaftlichung der 13
Graphologische Beurteilungen, Validität der 168
– Einzelmerkmale, Mehrdeutigkeit der 19
– Symptome 11
Groß, C. 14
Großer Längenunterschied 47
– Wortabstand 55
Große Schrift 36

Grundlagen, charakterologische 11
– des Schreibens, bewegungsphysiologische 12
Grundstrich 183
Gruppe von Merkmalen 12
Gutes Formniveau 27

Haarstrich 183
Haltepunkt 183
Haltung 10, 13
Handschrift, Angst in der 15
–, Ausdruckscharakter der 22
– des Verbrechers 14
–, Einmaligkeit jeder 8
–, Mitteilungscharakter der 21, 22
– und Charakter 9
– und Tiefenpsychologie 14
– und Verbrechen 14
– und Vitalität 14
Harpunen 10
Heiß, Robert 34
Hemmungen, Antrieb und 25
Heuss, Theodor 177
Hofsommer, W. 166, 167
Hohe Schreibgeschwindigkeit 96
Hohes Formniveau 27
Holdsworth, R. 166, 167
Hypnose 14

Intellektuelle Funktionen 17
Intelligenzdiagnose 169
Intelligenzniveau 142, 167
Intelligenztests 167
Introversion 128, 182–183

Jung, C. G. 186
Jungsche Typen 183

Karajan, Herbert von 180
Keulen 10
Keulenförmiger Endstrich 74
Kinderhandschriften 14, 150
Klages, Ludwig 10–12, 14, 25–27, 29, 33, 182–183
Kleinbuchstaben, auffallend große 40
–, Verhältnis von Höhe und Breite des 40
Kleine Schrift 36
Klinische Psychologie 163
Kombinatorische Gegenüberstellung der graphischen Merkmale 28
Kombinieren 17
Konstitutionstypen 186
Körperliche Erkrankungen 91
Korrelation 183
Kretschmer, Ernst 186
Kretschmersche Typen 183
Kurzbuchstaben 34, 47, 184
–, Verhältnis der Langbuchstaben zu den Mittelbuchstaben und 47

Labile Persönlichkeitsstruktur 65
Langbuchstaben 34, 47, 184
Längenteilung 43–47, 127, 135
–, Sondermerkmale der 46
Längenunterschied 47–50, 109, 128, 135
–, geringer 48

–, großer 47–48
–, kleiner 48
–, mittlerer 48
–, Sondermerkmale des 49–50
–, wechselnder 50
Langlängen 58
–, doppelt geknickte 50
–, einzeln herausschießende 50
–, rechts gehöhlte 50
–, rechts gewölbte 50
Langsame Schrift 95–96
Lateinische Sütterlinschrift 21
Lavater, Johann Kaspar 9
Lebensfülle 27
Leistungstests 167
Leitbild 8, 30–31, 37, 78
Lenz, Siegfried 180
Ligatur 184
Linksrand 66–67
–, breiter 65–67
–, fehlend oder schmal 66
–, nach unten breiter werdender 66–67
–, nach unten schmaler werdender 66, 68
–, schmaler 68
Linksschräge Schrift 52–53
Linksschräglage 53
Linksschreiber 21
Lösung im Bewegungsablauf 12
Lötschrift 184
Ludwig II. 176
Lügner 146

Magere Schrift 74, 76–77
Magerkeit 184
Mann, Golo 179
Massenverteilung, Grad der Ungestörtheit der 26
Mayer, G. 183
Meditation 184
Melancholiker 184
Menschenkenntnis, allgemeine 163–164
Mehrdeutigkeit der einzelnen Symptome 19
– graphologischer Einzelmerkmale 19
Merkmale der Persönlichkeit 11, 14
–, Gruppe von 12
–, kombinatorische Gegenüberstellung der graphischen 28
–, Sonderformen der 33
–, verstellte 19
Methoden, diagnostische 13
Michon, Jean-Hippolyte 10, 183
Mimik 10
Mitteilungscharakter der Handschrift 21–22
Mittelbuchstaben 184
– und Kurzbuchstaben, Verhältnis der Langbuchstaben zu den 47
Mittlerer Längenunterschied 48
– Verbundenheitsgrad 84
Mittleres Formniveau 27
Möglichkeiten der Verstellung 107
Müller, W. H. 12, 15, 148
Mussolini, Benito 176

Namenszug 7
Napoleon 174
Neigungswinkel 184
Nietzsche, Friedrich 186
Normalschrift 22

Oberlänge 184
Oberlängen, Anflicken an sehr magere 46
–, aufgeblähte 46
–, betonte 45
–, Betonung der 44
–, Überbetonung der 44
–, verkümmerte 45
–, Verkümmerung der 46
–, wechselnde 46
Oberschleifen, abgeflachte 46
–, fehlende 46
Oberzeichen 184
Objektivierung der Graphologie 13
Optisches Gleichgewicht der beschriebenen Seite 26
Originalität seelischer Erscheinungen 27

Paul-Mengelberg, Maria 15, 170–171, 173
Personalauslese 161–162
Personal-Gutachten 162
Persönlicher Grad der Formgebung 26
Persönlichkeit, Änderung der Schrift und der 171
–, Merkmale der 11, 14
– unter Extrembedingungen, Veränderung der 15
Persönlichkeitsentwicklung 15
Persönlichkeitsmerkmale 14
Persönlichkeits-Struktur, labile 65
Persönlichkeitstests 167
Persönlichkeitsvariablen 167
Phlegmatiker 184
Physiognomik 10
Pophal, Rudolf 10, 12, 183
Preyer, W. 183
Psychische Störung 173
Psycho-Diagnostik, Graphologie als Methode der 165
Psychologie, klinische 163
Psychologische Tests 13, 167
Psychopath 184
Psychotherapie 184
Pulver, Max 12, 26–27, 29, 183, 185

Randführung, wellige 69
Raum zwischen zwei Worten 55
Raumbeanspruchung 41
Raumbild 12, 30–31, 33, 37, 47, 50, 183
–, Ausdruck der Größe im 37
–, Schriftweite als 41
Raumsymbolik 43, 47, 50, 52–53
Rechtsrand 66–67
–, breiter 65–67
–, fehlend oder schmal 66
–, nach unten breiter werdender 66, 68
–, nach unten schmaler werdender 66, 68
–, schmaler 68
–, zusammengedrängte Buchstaben am 69

–, schmaler 68
–, zusammengedrängte Buch-
  staben am 69
Rechtsschräge Schrift 51
Regelmäßigkeit 185
Reichhaltigkeit 185
Reliabilität 165–166, 185
Rhythmische Verbindung,
  Ungestörtheit der 26
Rhythmus 10, 12, 38
– in der Gesamtform und
  im Bewegungsablauf, Un-
  gestörtheit des 26
–, Stärke des 26
–, Störungsgrade des 26
– und Formniveau 11
– und Takt 10
Richtungscharakter 185

Sanguiniker 185
Saudek, Robert 148
Scharfe Schrift 93
Scheel, Walter 178
Schelenz, Erich 183
Schelenz, Lotte 183
Schlaffer Faden 83
Schlaffe Schriftführung 87
– Strichführung 89–90
Schlechtes Formniveau 28
Schlußfolgern 17
Schmale Buchstaben 43
Schmaler Linksrand 68
– Rechtsrand 68
Schneevoigt, Ihno 166–167,
  169
Schnelle Schrift 96
Schnörkel 23
Schräge Schrift 34
– Schriftlage 53
Schreibablauf, Dynamik des
  11
Schreibbedingungen, äußere
  106
Schreibdruck 92, 98–104, 119
  –120, 125, 138
–, Sondermerkmale des 103
Schreibeile 83, 94–98, 120,
  124, 138, 141–142
–, Sondermerkmale der 97
Schreiber, Angaben zur Per-
  son des 107
Schreibformen 21
Schreibgeräte, Einfluß der
  106
Schreibgeschwindigkeit 94
–, hohe 96
–, Wechsel in der 97
Schreibgewandtheit 150
Schreibgewohnheiten 23
Schreibraum, Gestaltung des
  37
Schreibreife 24–25, 185
–, Einfluß der 107
Schreibrhythmus 12
Schreibtempo 95
Schreibvorlage 22
Schrift, Ablaufrhythmus der
  26
–, Ausdruckscharakter der 22
–, bereicherte 76
–, Dehnung der 40
–, druckstarke 101
–, Ebenmaß der 26
–, Eigenart der 26
–, eilige 95
–, enge 41–42, 118
–, extrem große 39
–, extrem kleine 40
–, formaufgelöste 79

–, formfeste 79
–, formlockere 79
–, Formniveau der 11
–, formstarre 79
–, formweiche 79
–, große 36
–, kleine 36
–, langsame 95–96
–, linksschräge 52–53
–, magere 74, 76–77
–, Mitteilungscharakter der
  21
–, rechtsschräge 51
–, scharfe 93
–, schnelle 96
–, schräge 34
–, stark rechtsschräge 51
–, steile 34, 51
–, Störmerkmale der 170
–, teigige 93
–, übermäßig unverbundene
  86
–, übermäßig verbundene 86
–, unverbundene 84–85
–, verbundene 84–85
–, vereinfachte 76–77
–, Verstellung der 107
–, volle 74, 76
–, weite 41, 118
Schriftablauf, gestörter 89
Schriftbild 7, 22–24, 65, 185
–, erlerntes 12
Schriftbreite 40
Schriftdeutungsversuche 9
Schriften, technische 22
Schriftformen 21
–, Symbolgehalt der 12
Schriftführung, gespannte 87
–, gestörte 87
–, glatte 87
–, schlaffe 87
–, schwingende 87
–, starre 87
Schriftgröße 34–40, 108–110,
  125, 134
–, absinkende 40
– als Ausdruck der Willensentfaltung 34, 37
– als Ausdruck des Selbstgefühls 34, 38
–, ansteigende 40
–, Sondermerkmale der 39
–, Wechsel der 39
Schriftlage 50–55, 128, 135
–, linksschräge 52–53
–, normale 53
–, schräge 52–53
– schräger am Wortende 54
–, Sondermerkmale der 54
–, steile 52–53
– steiler am Wortende 54
–, überschräge 52–53
–, wechselnde 54
Schriftmerkmale 8, 10
– und Charaktermerkmale 8
Schriftrand 65, 130, 136
Schriftränder 65–69
–, Sondermerkmale der 69
Schriftrhythmus 21
Schriftvorlage 21–22
Schriftwaage 59
Schriftweite 40–43, 118–119,
  126, 134–135
– als Ausdruck der Expan-
  sion 42
– als Bewegungsbild 41
– als Raumbild 41
–, Sondermerkmale der 43
Schulschrift 23

–, deutsche 21
Schulvorlage 23
Schwaches Formniveau 28
Schweickert 148
Schwingender Strich 89
Schwingende Schriftführung
  87
– Strichführung 89
Seelische Erscheinungen,
  Vielgestaltigkeit der 27
– Störfaktoren 15
– Störung 91
Seifert, Th. 166, 168–169
Selbstbeherrschung 11
Selbsterkenntnis 163–164
Selbstgefühl, Schriftgröße
  als Ausdruck des 34, 38
Sinnesfunktionen 17
Skript 22
Sonderformen der Merk-
  male 33
Sondermerkmale 33
– der Anfangsbetonung 72
– der Bindungsform 83
– der Endbetonung 74
– der Längenteilung 46
– der Schreibeile 97
– der Schriftgröße 39
– der Schriftlage 54
– der Schriftränder 69
– der Schriftweite 43
– der Strichbildung 94
– der Strichführung 91
– der Zeilenführung 65
– des Längenunterschiedes
  49–50
– des Schreibdrucks 103
– des Verbundenheitsgrades
  86
– des Wortabstands 57
– des Zeilenabstands 59
– im Formreichtum 77
Soziales Wertbewußtsein 146
Spannung im Bewegungsab-
  lauf 12
Sprache 10
Spranger, Eduard 186
Stärke des Rhythmus 26
Stark rechtsschräge Schrift
  51
Starre Schriftführung 87, 90
Steigende Zeile 61, 63
– Zeilenführung 60, 63
Steile Schrift 34, 50–51
– Schriftlage 53
Stimme 13
Stoppzüge 119, 185
Störfaktoren, seelische 15
Störmerkmale der Schrift
  170
Störungen, psychische 91,
  173
Störungsgrade des Rhythmus
  26
Strauß, F. J. 179
Strich, schwingender 89
Strichbildung 92–94, 114–
  115, 122–123, 137, 142
–, Sondermerkmale der 94
Strichführung 86–92, 112–
  115, 122–123, 137
–, gegen den Takt gerichtete
  91
–, gespannte 88–89
–, gestörte 88–89
–, glatte 88
–, schlaffe 89–90
–, schwingende 89
–, Sondermerkmale der 91

–, starre 90
–, unterbrochene 91
–, wechselnde 91
Sütterlinschrift, deutsche 21
–, lateinische 21
Symbolgehalt der Schriftformen 12
Symptom 185
Symptome, graphische 11
–, graphologische 11
–, Mehrdeutigkeit der einzelnen 28
Syndrom 185

Takt, Rhythmus und 10
Technische Schriften 22
Teigig 186
Teigige Schrift 93
Teillard, Ania 14, 183
Temperament 11
Temperamentbeherrschung
  11
Temperamentlosigkeit 11
Tests, psychologische 13, 167
Tiefenpsychologie, Hand-
  schrift und 14
Tiefenpsychologische Dia-
  gnostik 14
Typologie 186

Überbetonung der Oberlän-
  gen 44
Überschräge Schriftlage 53
Umwelteinfluß 18
Umweltkontakt 52
Uneinheitlichkeit, Einheitlichkeit und 12
Ungestörtheit der Massen-
  verteilung, Grad der 26
– der rhythmischen Verbindung 26
– des Rhythmus in der Ge-
  samtform und im Bewe-
  gungsablauf 26
– im Bewegungsablauf,
  Grad der 26
Unterbetonte Anfangszei-
  chen 71
– Anfangszüge 72
– Endzüge 72–73
Unterbetonung 71
Unterbrochene Strichführung
  187
Unterlängen 47
–, abgerissene 47
–, betonte 45
–, Betonung der 45
–, dreieckige 47
–, fortgelassene 47
–, scharf gequerte 47
–, Verhältnis der Oberlängen zu den 43
–, verkümmerte 45
–, Verkümmerung der 44
–, wechselnde 46
Unterschrift 7, 174
–, Bedeutung der 110
Unverbundene Schrift 84–85
Urteilen 17

Validität 165–167, 187
– graphologischer Beurteilungen 168
Veränderung der Persönlichkeit unter Extrembedin-
  gungen 15
Verbrechen, Handschrift und
  14
Verbrecher 146
–, Handschrift des 14

Verbundene Schrift 84, 85
Verbundenheitsgrad 83–86, 120, 132, 137, 141, 143–144
–, mittlerer 84
–, Sondermerkmale des 86
Vereinfachte Schrift 76–77
Vereinfachungen 187
Verhäkelte Zeilen 59
Verhaltensmerkmale 14
Verhältnis der Langbuchstaben zu den Mittelbuchstaben und Kurzbuchstaben 47
– der Oberlängen zu den Unterlängen 43
– von Buchstabenbreite und Abstand 40
– von Höhe und Breite des Kleinbuchstabens 40
Verifizierung 187
Verknotungen 187
Verkümmerte Einzelbuchstaben 40
Verkümmerung der Oberlängen 46
– der Unterlängen 44
Vernon, P. E. 167
Verschönerungsbemühen 148
Versteifungsgrad 12
Verstellte Merkmale 149
Verstellung der Schrift 107
–, Möglichkeiten der 107
Verteilungsrhythmus 26, 187
Verwissenschaftlichung der

Graphologie 13
Verzierungen 10
Vielgestaltigkeit seelischer Erscheinungen 27
Vitalität, Handschrift und 14
Völle 187
Volle Schrift 74, 76

Wahrnehmung 17
Wallner, Teut 166
Wechsel der Schriftgröße 39
– in den Endzügen 74
– in der Schreibgeschwindigkeit 97
– zwischen Winkel und Girlande 83
Wechselnde Längenunterschiede 50
– Oberlängen 46
– Strichführung 91
– Unterlängen 46
– Weite 43
Wehner, Herbert 178
Weite 187
–, wechselnde 43
Weite Buchstabenabstände 43
– Schrift 41, 118
– Wortabstände bei engen Zeilen 57
Weiter werdende Wortenden 43
– Wortabstand 55
– Zeilenabstand 58

Wellenförmige Zeile 65
Wellige Randführung 69
Wertbewußtsein, soziales 146
Wesensgehalt 26–27, 29
Wieser, Roda 14, 186
Willensentfaltung, Schriftgröße als Ausdruck der 34, 37
Winkel 80, 82, 187
–, gestützter 83
– und Girlande, Wechsel zwischen 83
–, weicher 83
Winkelbindung 80–82
Wissenschaft, Graphologie als 11
Wittlich, Bernhard 26, 148
Wortabstand 55–57, 119, 129, 135, 142
–, enger 56
–, geringer 56–57
–, großer 55
–, Sondermerkmale des 57
–, weiter 55
Wortabstände, zu enge 57
– zu weite 57
Wortenden, enger werdende 43
– weiter werdende 43

Zeile, dachziegelartig fallende 63
–, dachziegelartig steigende 63

–, fallende 62
–, flach gehöhlte 64
–, flach gewölbte 64
–, gehöhlte 116
–, steigende 61, 63
–, wellenförmige 65
Zeilen, bogige 61
–, gerade 60, 62–63, 117
–, gestaffelte 61
Zeilenabstand 57–59, 129, 136, 143
–, enger 58
–, Sondermerkmale des 59
–, weiter 58
Zeilenabstände 57–58
–, übermäßig weite 59
Zeilenführung 59–65, 115–117, 120, 129–130, 136
–, Absinken der 116
–, dachziegelartig steigende 60, 63
–, fallende 60
–, flach gehöhlte 60, 64
–, flach gewölbte 60, 64
–, gerade 60
–, Sondermerkmale der 65
Zeilenrichtung 187
Zeilensteigung, Grad der 61
Zitterschrift 91
Zuverlässigkeit der Deutungsergebnisse 13
– des Deutungsmaterials 13
Zwangsneurose 171
Zwangsneurotiker 15